気のきいた一言がパッと出てくる!

「おもしろい人」の会話の公式

THE RULES OF
THE FASCINATING
TALK

Teruyuki Yoshida
吉田照幸

「自分はおもしろくない……」と
一度でもがっかりしたことのあるあなたに

誰とでも会話が楽しくなる
秘訣を紹介します。

はじめに

自分がおもしろくなくても、おもしろい話はいくらでもできる！

会社帰り、隣の部署で人気者のAさんから声をかけられて、一緒に駅に向かったものの、話が続かずに気まずい雰囲気……（ツマンナイ人だと思われたら嫌だな……）。

飲み会で、場が静まり、気をきかせようと昔の失敗談をしたら、周囲がシーンとしてしまった（ヤバい、この後、どうしよう……）。

話が盛り上がらない自分を横目に、隣の人達は楽しそうに盛り上がって話している（どうして必死に頑張ってるのに、うまくいかないんだ！）。

誰でも、こんな場面は経験したことがあるのではないでしょうか。

人の悩みのほとんどは人間関係です。コミュニケーションの問題です。自分の言いたいことが伝わらない。誤解されてしまう。話が盛り上がらない。笑いなんてとてもとれない。

でも待ってください。裏を返すと、**笑いがとれれば、話は盛り上がり、自分のいいたいことも伝わり、理解されるようになる！ってことになります。**おもしろいってことは、コミュニケーションの問題を一気に解決する可能性を秘めています。

僕は、テレビのディレクターとして「サラリーマンＮＥＯ」や「あまちゃん」、最近では志村けんさんのＮＨＫ初コント番組「となりのシムラ」などの監督をしてきました。仕事のほとんどは、作り込んだ笑いをベースにした番組です。何が笑えて何が笑えないのかにずっと取り組んできました。

その中で、日常のコミュニケーションも変化してきました。話がおもしろいと感じてもらえることが増えていったのです。

この本では、そうなった秘訣を明かしていきたいと思います。

僕も30代前半までは、なぜ自分の言いたいことが伝わらないんだ！と憤っていました。自分が思っているほど、相手が自分のことをおもしろいと感じていないことに不満を感じていました。

しかし、番組を作るために、役者やスタッフとやりとりする中であることに気づきました。自分は本当に相手の言葉を聞いているのか、コント番組を作る手前、自分もおもしろくないといけないのではないかと思い、必死で「ウケよう」としてないかと。

そこで180度考え方を転換し、**まず相手の話を「ウケる」ことに必死になりました。**

周りの反応が劇的に変わりました。

確信しました！

相手の気持ちを考える「おもてなし」こそ「ウケる」話しの肝！と。

それがあれば、誰でも話をおもしろくすることはできるのだ、と。

いやー自分無理です。話ベタだし、今まで本を読んで身についたこともないし……って尻込みする人もいるかもしれません。

しかーし、この本は違います。なぜなら……

自分がおもしろくなくても、おもしろいと思われる術が書いてあるから！

笑いには、個人差があります。なので、すべての人にウケる！とはいいません。でも少なくとも自分が仲よくしたいと思っている人には、抜群の効果を発揮します。

この本は、大学教授やセミナーの講師が書いた整理されたコミュニケーション術ではありません。**現場で培った生のコミュニケーション術**です。でも決して業界でのみ通用するものではありません。日常のコミュニケーションがとても快適になることをお約束します。

楽しい豊かな人生を実現するために「おもしろい」を、この本で手に入れてください。

吉田　照幸

CONTENTS

THE RULES OF THE FASCINATING TALK

CHAPTER 1

THE RULES OF
THE FASCINATING TALK

CHAPTER
2

まずは「ウケる」場を作れ！
会話がはずむ雑談7つの公式

THE RULES OF
THE FASCINATING TALK

CHAPTER
3

話し方をちょっと変えただけで会話がおもしろくなる12の公式

THE RULES OF THE FASCINATING TALK

CHAPTER 4

シチュエーション別「おもしろい人の話し方」20の公式

THE RULS OF
THE FASCINATING TALK

CHAPTER

5

スピーチ・司会など「人前でウケる話し方」10の公式

THE RULES OF
THE FASCINATING TALK

CHAPTER 1

なぜあなたの会話は、ウケないのか？

楽しく会話をするために間違っていること

CHAPTER 1

話が盛り上がる人は、何が違うのか？

自分も場を盛り上げられる人になれたらなあ、おもしろい話をして、会話の続く人になれたらなあって、思った瞬間は誰にでもあるのではないかと思います。

でも、僕は、誰でも話を盛り上げることはできると思うんです。

「自分はそんなにおもしろい経験はしていないから」

「自分は話がうまくないから」

と思って、自分から積極的に話すことに躊躇してしまう人もいるでしょう。

しかし、「おもしろい話」に経験は必要ありません。

もちろんお笑いの人のようにおもしろい話をする才能は確かに存在します。しかし日常会話においては、ちょっとした考え方や工夫次第で、誰でも話を盛り上げることができるのです。

多くの人が間違いがちなのですが、「ウケる」というのは、自分が目立ってその場をおもしろくするものではありません。

「ウケる」とは「受ける」であります。場の空気を読み、相手を気づかう「おもてなし」こそが、「ウケる」のです。

その場に合った絶妙なコメントで切り返せる人は、「頭がいい」とか「スマートな人だ」と、一目置かれることがありますが、それは、気づかいと客観的な視点をもって会話をしているからなんです。

実際、おもしろい人が、本当におもしろい話をしているでしょうか？

バラエティ番組で司会がうまい人を見ていると、必ずしもおもしろい話をしているわけではないのに、うまく場を盛り上げていませんか。それはなぜでしょうか？

楽しく会話をすることについて、私達が勘違いしていることも多いように思います。

まずこの章では、多くの人がよかれと思ってやっている、間違った盛り下げ行動についてご説明します。

〈間違った常識1〉楽しい会話には「おもしろい話」が必要

楽しい会話に「おもしろい話」は必要ない

会話が途切れた。相手が黙った。気まずい空気。何か話さなきゃ！　天気の話をする。……続かない。おもしろいネタないか……。あ！　そうだ！

「あのー、僕先日、韓国に旅行に行ったら飛行機に乗り遅れちゃって、すごい走ったんですけど、間に合わなくて困りましたぁ！」

……広がらない、……などと、焦る場面、よくあります。

なぜ話が広がらないか？　そもそも飛行機に乗り遅れるってことは、そんなに珍しいことではありません。「困りましたぁ！」ではオチもありません。なのにそれをおもしろそうに話してしまうから、余計広がらないんです。

冒頭でお話ししましたが、楽しい会話をするのに、**「おもしろい話」は、必ずしも必要ありません**。多くの人が間違うのは、「自分がおもしろい話をしなきゃ」と思い込んでいるからです。

たとえば、テレビのバラエティ番組を思い出してみてください。話芸がうまい芸人さんは、ほとんど普通のトーンでしゃべっています。そして、アイドルが痛々しい答えをしたときに一言、「辛いなー」とか、「出口はあちらです」などと、その場の心情を素直に吐露します。**それによって見ている人が、「自分が思っていることを言ってくれた！」と共感し、胸のつかえがとれて笑うわけです。**ウケる話は、特殊なボケではないのです。

また、教養系の番組で出てくる学者も、研究室にこもって本や論文ばかり読んでいる人と、フィールドに出て実験している人とでは、おもしろさが全然違います。研究室の先生は幅広い知識を披露しますが、現場の経験談には勝てません。

両方に共通するのは、当人は、「おもしろいこと」を話そうとしているのではない、ということです。「おもしろくしよう」という意図が見えてしまうと、聞いているほうは冷めてしまうんです。

今まで、話が続かなかったり、場が盛り上がらなかったりすると、「おもしろいことを話さなきゃ」と気負っていた人もいると思います。

でも、そんな必要はありません。バラエティ番組でも、思わず出たリアクションがおもしろかったりしますよね。そんなふうに、**自然なかたちで「あなた」が出てきたときほど、相手は「おもしろい」と思っている**ものなんです。

気負うとそれが相手に伝わる

おもしろい話をしなければ、と気負うよりも、むしろ「会話を楽しもう」と思って話をはじめてください。気負うと、それが相手に伝わるので、かえって会話はぎくしゃくするものなのです。話している側がリラックスしていなければ、聞いている人もリラックスできません。緊張した状態だと、楽しいと思えないんです。

たとえば、緊張して汗までかいている男性と2人でデートすることになって、その人が一生懸命におもしろいことを言っていたって、なんだか必死すぎて、楽しい気持ちにはなれなくないですか？

でも、余裕をもって静かに話をはじめる人が相手であれば、聞いている人もリラックスし、気づまりがなくなります。そして、楽しいと感じはじめるんです。

それに話が続かなくて気まずいときは、相手も同じように感じています。だったら、あなただけ気落ちすることはないじゃないですか。

そんなときは、「あー、話が途絶えちゃった」って、沈黙を楽しめるくらいの余裕をもって、次の話をはじめれば、相手も救われた気持ちになれるんです。

では、どんな話をすればよいか。実は、ウケる話で一番大切なことは、「質問力」です。**人にとって「自分に関心をもってくれる人」ほど嬉しい存在はありません。**「自分が場を盛り上げるんだ！」なんて思わず、まずは、「相手はどんな人なんだろう」「相手は何を考えているんだろう」と興味をもって話を聞くことからはじめましょう。

公式01「楽しい会話」より相手への関心が大事

- ウケる人＝質問する
- ウケない人＝おもしろいことを話そうと頑張る

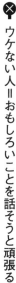

〈間違った常識2〉テンションを上げて明るく！

テンションは無理に上げなくていい

レストランなどの飲食店で見ていると、盛り上がったり盛り下がったりする人達とずーっと盛り上がっている人達がいます。

これ、何が違うのでしょうか？

話がおもしろくないから？

人がおもしろくないから？

いえ、そうではありません。

実は、１人が盛り上がっているか、全員が盛り上がっているかの違いです。

会話でも宴会やなんかの場でも、最初からいきなり盛り上げなきゃ！と頑張る人達がいます。名づけて「笑えない関西人タイプ」です。僕も何度か目の当たりにしていますが、特に関西でウケていなかったんだろうなあという人が、東京に出てきて、へんに（関西出身である）自分を追いつめて頑張っていて、痛々しく見えることがあります（こういう人は関西人に限りません。さらに、僕のような山口県人は、相当な田舎だけに舐められまいとして軽いノリを自己演出します。うっとおしい存在です）。

本来の自分ではないのに〝おもしろい人〟を演じようとすると、無理が見えて、笑えません。とはいえ場が場なので、みんなはともかく笑います。しかしそういった笑いはみんなが疲労します。結果盛り上がりが続かず、沈んでいくのです。

こういう人は、もう入口で間違っています。絶対に自分を偽ったりおもしろそうに見せようとしないでください。自然体でいることが、何よりウケる土壌を作ります。

公式02
頑張って盛り上げない。自然体でいい

○ ウケる人＝自然体
× ウケない人＝最初からはしゃぐ

〈間違った常識3〉「オチ」がないとおもしろくない

おもしろい話に必ずしも「オチ」はいらない

オチって聞くと、ひねりがないとダメって思っていませんか。

確かにうまいオチはあります。

僕は「サラリーマンＮＥＯ」というコント番組の監督をしていました。その中で好評だったお寿司屋さんのコントがあります。

職人肌の寿司屋の大将が、仕事で悩む若いサラリーマンに「お客様は神様だ」と説きます。若いサラリーマンは感動！　そこに若いギャルとＩＴ社長が登場します。そしてまぐろを食べた後にギャルが「世界で2番目にうめえ」と言い放つのです。

これがオチです。ここで「まずい」って言ったら普通です。そこをひねってほめてるんだけど、けなしています。

この言葉に対して、大将はどんな行動をとるのか。プライドは傷ついているはずなのに、この前にサラリーマンに「お客様は神様だ」って言っちゃってるもんだから、怒るに怒れない。そこで大将は手をふるわせながら、「……ありがとうございます」と感謝します。ここも笑いが出るタイミングです。

ここには、2つの笑いのポイントがありました。

「世界で2番目にうめえ」は、ひねりがあるオチです。普通は思いつきません。

でも、大将の「……ありがとうございます」は、大将の感情の流れがそのまま表われているので、自然に頭に浮かぶ言葉ですよね。こんなふうに、**普通の言葉でも間次第で笑いがとれる**のです。

たとえば、嫌な上司に飲みに誘われ、行きたくないのに行かなければならないことを女子社員に愚痴るとき、

女子社員「課長から飲みに誘われたんですって？」

男性「行きたくないんだけどねえ」

って返さない。ここは行きたくない気持ちを間で表現します。

男性「うん……行きたくないんだけど」

このようにオチの内容ではなく、間次第でいくらでもおもしろくなります。

自分はひねったオチなんて思いつかないからとあきらめないでください。おもしろ

いことを言う人というのは、そのフレーズ自体がおもしろいわけじゃなくて、**「その場の空気」の読みとりと、「言うタイミング」が適切**なのです。

「あのときはおもしろかったのに、今話すと何もおもしろくない」ということってありませんか？　笑いがとれてるっていうのは、その場の空気と、言うタイミングがよかったということがすごく大きいんです。

芸人さんだって、その場の空気をつかむ人がおもしろいんです。

もちろん、普通の人も、一緒です。

「おもしろいことを言おう」と気張らなくても、空気さえつかめれば笑いはとれます。

公式 03

オチはなくても、十分におもしろくなる

◎ ウケる人＝間を使う
✕ ウケない人＝おもしろいオチを言おうとする

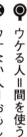

〈間違った常識4〉おもしろい話は、明るい話題

おもしろい話は「人の不幸」か「隠された真実」

おもしろい話というとハッピーな話を延々とする人が多いです。旅の楽しかった話、食べ物のおいしかった話、仕事で成功した話。話すほうはおもしろいです。

では、その話を聞いている側に回りましょう。延々と人の自慢話を聞いて、おもしろいですか？　旅で苦労した話、食べ物がまずかった話、仕事で失敗した話のほうがおもしろくありませんか？

笑いってなんでしょう。ある有名なコメディアンは、「笑い」は、**「人の不幸」か「隠された真実」**だと答えました。

確かに「人の不幸」は、不謹慎ですが、笑えます。旅の楽しかった話よりも苦労話のほうが、聞いている人は楽しいのです。

では、「隠された真実」というのは、どういうことでしょう。

これは、**みんなが見ているのに気づかなかったことを発見する**、ということです。
おもしろい話をする人は、人と少し別の角度からものを見て、「隠された真実」を発見しています。
たとえば、「アイドルをまつる神社」に行ったとします。そこで神主さんがその由来を説明してくれました。

神主「この神社は、桜田淳子さんや森昌子さんや山口百恵さんがお参りして、それでアイドルになって成功したんですよ」

普通の人「へえ、そうか、あの3人がぁ」
おもしろい人「それ、やや、微妙ですね」
→
これ、「隠された真実」です。

多くの人は「ああ、その3人がお参りしてるんだったら！」って、鵜呑みにしがちです。でも、その後の彼女達の人生に思いを馳せてみると「アイドルになって成功

図 1-1　おもしろい言葉は「変換」している

神主さん

「桜田淳子さんや森昌子さんがお参りした『アイドル神社』です」

普通の人　「へえ、あの３人が」

おもしろい人　「それ、やや、微妙ですね」

おもしろい人の頭の中を見てみると……

「桜田淳子さん、森昌子さん、山口百恵さん」ってどんな人だっけ？

↓

３人の人生に思いを馳せる

ずっとアイドルってわけではないんじゃない？

↓

気づく！

「やや、微妙？」

……ちょっと違うんじゃない?」って部分もある。それに気づけるかどうかで、会話が変わってきます。正しいかどうかではなく、そういう見方もあるんだ、ということに気づけることが重要です。

こんなふうに、「笑い」っておかしなことを言ったり、変なエピソードを話したり、ということだけではなくて、「本当は、そういうことか!」「そういう考え方もあるのか!」って相手に気づかせたときにも起こるんです。

公式04

おもしろい会話は「発見」で生まれる

◎ ウケる人＝マイナスで笑いをとる
✕ ウケない人＝プラスで相手をしらけさせる

〈間違った常識5〉盛り上がったら、その場に入る

盛り上がっているとき、その輪に入らない

「おもしろい人」は、大抵、4つのことを意識していると思います。

①聞く力
②質問する力
③相手を理解する力
そして、
④黙る力

「おもしろい人」は、みんながワーッて盛り上がっているときには、その中に入りません。

ちょっと想像してみてください。みんなが盛り上がっているときに、別の人が話に

入ってきたら、その人は「おもしろい人」だと思いますか?

A「私、◎◎だった」
全員「わー、そうだったんだ!」(盛り上がる)
B「オレも、◎◎で」
全員「へぇ」(多少沈む)

というふうになりませんか?

すでにみんな盛り上がっているのですから、その中に「オレも!」って入っていっても、「あの人おもしろいよね」とはなりませんよね?

本当に「おもしろい人」は、みんなが盛り上がっているときは、一歩引いてます。「別におもしろい人だと思われなくても、自分が盛り上がりたいんだ」って人は、いいですよ。でも、「あの人話がうまいよね」「モノの見方が変わっててておもしろいよねー」と言われる人は、よくよく見ると、場がワーッと盛り上がっているときは、笑いながら微笑ましく見ているものなんです。

では、なぜそんなことをするのかというと、その話題はもう終わってるから。そんなときに、話に入って深追いしてしまうと、かえって場が冷めることすらあります。

「おもしろい人」が盛り上がっているときに考えていること

おもしろい人は、盛り上がっているときに、**次の話題を考えています。**

これはすごく大切なことです。

盛り上がった次の瞬間、場が静まることってありませんか？　これはここで話題が完全に終わるからです。ここからもう一度、場を立て直すのは、大変です。

そんなときに、もう一度場を湧かせられる人は、みんなから注目されますよね。

おもしろい人は、**「話を発展させたり回したりするためには、どうしたらいいか」**と先回りして考えています。

ともすると、みんな自分の話をしたがりますが、そうではなく、場を見たり、質問をして相手の考えを知ろうとすることが、実は「おもしろい人」への近道であったりするのです。

公式05 自分が盛り上がる前に、話をどう回すかを考える

○ ウケる人＝盛り上がっているときに「次」のことを考える
× ウケない人＝盛り上がっているときは、ここぞとばかりに入ろうとする

結局、おもしろい会話は「おもてなし」である

ここまでをまとめてみると、

- **自分で楽しい話をするより、相手が楽しいと思う話をすること**
- **自分1人でその場を盛り上げようとするより、その場を見ながら話をすること**
- **自分ならではの視点で話をすること。無理はしないこと**

が大事です。

これは、とどのつまり、**「おもてなし」**につながるのではないかと感じます。

相手のことを思いやって、相手に喜んでもらうという心。それがはずむ会話を生み、笑いを引き起こします。場や流れをわきまえないと「おもしろいこと」を提供できません。「自分が目立とう」と、1人ではしゃいでしまっては、相手に伝わりません。

最初に与える側になってみてください。それがウケる会話の第一歩です。

おもしろい人は、場を客観的につかんでいるからこそ、思い切って言いたいことを言えるんです。しっかり場の流れをつかんでいるからこそ、焦って自分を見失うことはありません。「場」を見ているから、気まずい空気のときも、雰囲気が悪くなったときも、相手の心を察知しながら、上手に場を整えていくことができるんです。

この本では、こうした場の読み方と、それに応じた「ウケ方」も一緒に紹介していけたらと思っています。

公式06

楽しく会話できる人は「おもてなし」がうまい

○ ウケる人＝相手の気持ちを想像してから話をはじめる

× ウケない人＝自分がおもしろいと思ったことを話しはじめる

THE RULES OF
THE FASCINATING TALK

CHAPTER 2

まずは「ウケる」場を作れ！
会話がはずむ
雑談７つの公式

CHAPTER2

おもしろい話は、「雑談」からはじまる

ここまで読んで「早くおもしろい話をしたい」と思っている方、焦ってはいけません。

ウケる会話のためには、まず相手の心をリラックスさせる「場」が必要です。CHAPTER1でもお話ししましたが、空気ができていないところで笑いは起きません。

そのために有効なのが「雑談」です。営業でもデートでも、雑談からはじめることが常です。実際にはそこで勝負が決まっている場合もあります。

「ウケる」ためにはフリがいります。ステップ1としてまずその下地を作る雑談力をまず磨いていきましょう！

世の中には「話が続かない」と悩んでいる人も多いです。

実は、話が続かない理由は、話題が少ないことよりも受け答えの仕方にあります。

・どういうふうに話を振ったか

・どんなふうに返答したか（ウケたか）

が大事なのです。

たとえば、「毎日残業していて、大変だね」と声をかけたとしても、「ええ、大変です」とか、せいぜい「いや、要領が悪くて」とか「月末だから仕方ないですよね」くらいの返答が来て終わってしまいます。

これを、こんなふうに変えると、話は続いていきます。

「毎日、残業しているみたいだけど、**何時まで会社にいるの**」

「23時30分ごろまではいます」

「終電に間に合うの？」

「たまに、乗り過ごすんですよ〜」

振り方ひとつで、変わってきますよね。

答えるときも同じで、面接の受け答えのように「そうです」「違います」「それは●です」で答えてしまうと、話が続かず、話題が振られてはすぐ終わり、また振ってはすぐ終わる、ということになるのです。

この章では、話がおもしろいように続いていく、話の振り方と受け方を紹介します。

「オレも」「私も」は禁止

「この間、私、ゴルフでベストスコアを出したんだ」

と言ったときに、

「オレもこの前ゴルフに行って～」

と、自分の話をはじめてしまう人、いますよね。

こんな「話泥棒」にあなたはなっていませんか？

これをすると話が続かなくなります。言った瞬間に、もうアウトです。

「オレもさ」「私もね」というフレーズは危険なんです。

相手は自分の経験が特別だと思って、おもしろいと思って話しているんです。あなたの話はまったく求めていません。そこを「オレもさ」って、割って入られたら、「あなたの話は特別じゃない」って言われてるような気がするじゃないですか。

ここでの正解は、「聞くこと」です。


「ベストってすごいじゃん。いくつ?」

「長いパットが入ったの?」

「何のクラブが調子よかったの?」

などと、聞いてあげたほうが、話しているほうは嬉しいんです。


これは、相手がおもしろい話をしたときも同じです。

たとえ自分に似たような経験があったとしても、「へえ、そんなことがあるんだ。おもしろいね」って言って終わったほうが、相手は気分がいいですよね。

その人が特別だと思って話しているエピソードに対して、「オレもさ」「私もね」って言ってしまうのは、相手の特別感を消している行為です。ある意味「話し泥棒」で、嫌われる話し方の1つです。

それに、誰かのおもしろい話にのっかっても「ああそうなんだ」と言われて終わってしまうことが大半です。同じ話を何度も繰り返しても、結局「へえ」で終わるんです。

だったら、気持ちよく話してもらったほうがいいじゃないですか。

みんな「自分のことを話したい」って思っています。

相手が話した後に、「あなたもそんなことある？」と聞かれたときは話せばいいですが、そうでない場合は、基本的には相手の「特別感」を消さないように聞きましょう。

公式07

相手の「よかった話」は、あくまで相手にさしあげておく

「YES」「NO」で答えられるような質問はしない

よく野球中継のヒーローインタビューで「あのチャンスの場面で見事なタイムリーヒットでしたが、どんなお気持ちで打席に入りましたか？」って聞くじゃないですか。いや、1回はいいんです。でも、打った後についても同じように聞くんです。「打った後、どんなふうに感じましたか？」って。そりゃ「ヒットになって嬉しかったです」としか答えようがないですよね。

また、「怒ってますか？」とか、「忙しいんですか？」とか、見ればわかるでしょうってこともあります。

こんなふうに、質問にも答えづらい質問というのがあります。これでは話ははずみません。

本当におもしろい話をしたいなら、その人のシチュエーションに思いをめぐらせて質問をすることです。

簡単なのは、その人の過去とつなげて話を聞くことです。

たとえば、

「3回裏のチャンスの場面ですが、**ここ2~3試合、打てていなかったっていう状況がありましたよね？**　いかがでしたか？」

というふうに言えば、打てなかった選手にめぐってきたチャンスというドラマができるわけです。すると、答えも全然違ってきますよね。

「いや、やっぱりここ2~3試合、非常にプレッシャー感じてたんで、ここは開き直ろうと思って入りました」

というように具体的な話が出てくるわけです。

「どんな気持ちで？」って、まったく具体性がないわけです。

打とうと思ったに決まってんじゃん、そんなの、って思いませんか。

話が続かない質問とは

これは、日常会話でも同じです。

「高校時代に何をしてたか」という話をしたときに、「野球部のマネージャーをしてた」と言われたとします。そのとき、「大変でした？」なんて質問をする人もいますが、「大変でした？」と聞かれれば、十中八九「大変だった」と答えます。で、そこで話が終わります。

いわば、「Ｙｅｓ」「Ｎｏ」で答えてしまう質問をしているわけです。**これでは、「そうです」「違います」という答えが返ってきた時点で、話が終わります。**

そうならないためには、もう一歩相手の状況に踏み込んで考えること。その人がどうしてそういうことをしたのかということについて、思いめぐらせることが大事です。野球部のマネージャーって、男の中で女の子は1人なわけですよね。「女の子が野球部のマネージャーになる」っていうのは、「女の子が女子テニス部に入る」というのとは、違います。そこに気づけるかどうかです。

すると質問が「大変だった？」ではなく、

「家族で野球好きな人がいたの？」

「好きな男の子がいたの？」

って質問が浮かびます。どうですか？　「親がリトルリーグの監督で自分も野球をしてた」とか、「かっこいい先輩がいたんだけど、すぐ卒業しちゃって」とか、話が広がりそうでしょう。

こんなふうに、相手からおもしろい話を引き出そうとするならば、まずは**「相手の個別のシチュエーション」**が入口です。「野球に興味があったのか、先輩に興味があったのか、どっちなの?」「ここ何回か調子が悪かったようですが、今はどうですか」みたいな質問ができるかどうかなんです。

2つの質問から出てくる答えを想像してみてください。

〈A〉

インタビュアー「あの場面、どんな気持ちでしたか?」

選手「絶対打ってやろうと思いました」

〈B〉

インタビュアー「これまで2打席、押さえ込まれていましたが、どんな気持ちでしたか?」

選手「それまで内角を攻められていたので、その球を狙っていました」

野球部の
マネージャー
やってたんです
なんで女子なのに野球部
なんだろう…
しかもマネージャーなんだろう…

相手の状況を想像すると話がおもしろくなる質問ができる

２つの質問で、答える側が考えることもまったく違ってきますよね。

おもしろい話っていうのは、ある程度のドラマがあるんです。一番おもしろいのは、話している本人が忘れていたものを、意識の上に引きずり出すような質問です。きちんと相手のことを踏まえていないと、的確な質問をするというのは、すごく難しいんです。でも、それができると、意外な話も聞けるのです。

人は自分に興味をもってくれる人に心を開く

人って、自分に興味をもってくれた人

に対して、心を開こうとするんです。

もしかしたら、人にとって一番おもしろい話は「自分の話」なのかもしれません。

だからこそ**「質問する」**ことは、ウケる会話の基本です。

相手に興味をもって聞いた質問からは、おもしろい話が広がっていきます。「会話を盛り上げよう」と思うなら、自分の受け答えの仕方と同時に、「質問する力」を鍛えるべきです。

なお、初対面の場合、「人」に興味をもてって言われても、相手のことを知らないのでどこにもてばいいか迷うこともあると思います。そのときは、その人自体ではなく、その人がやっていたことに目を向けるのでもいいと思います。

たとえば「趣味で弓道をやってた」という話になったときは、「弓道」というものに対しての質問をしてもいいですよね。「その人」というふうに捉えると、行き止まりになることもあるので、柔軟に考えてみてください。

公式08 相手の「過去」や「立場」を考えて質問をせよ

質問は「いつ、どこで、誰が」よりも、「なぜ、どうやって」のほうが話が続く

話を続けようとするあまり、人が答えているときも次の質問を考えている人がいます。気持ちはわかりますが、それでは相手がせっかく広がりそうな話題を振っているのに、気づかない可能性もあります。

大丈夫です。耳を傾けてたら、「聞きたいこと」は浮かんできます。

ここで大事なことは「いつ」「どこで」「誰が」「何を」という情報よりも、「なぜ」「どうやって」のほうに注意して質問することです。

「なぜ」「どうやって」には、相手の人となりが出ます。

たとえば、次の会話を見てください。

A「高校時代は野球部のマネージャーをやってました」

B「そうなんだ。野球部って何人ぐらいいたの？」

ここでBのように情報を質問してしまう人がいます。これも結構危険です。その人

数が、すごく多かったり少なかったりすれば話は続きますが、大抵は想像の範囲の人数でしょう。

「野球部って何人ぐらいいたの？」

「30人」

どうしますか？　どこにもツッコミどころはありません。かといって30人ではボケられない。次の質問考えなきゃ、と焦るわけです。

では、これを「なぜ」「どうやって」の質問に変えてみましょう。

「どうして野球部のマネージャーになったの？」

「先輩に誘われて」

これなら単語では絶対終わりません。

でもここで、**「なんとなく」**って答えられたらピンチ！ですよね？　こんなときも落ち着いて、「なぜ、どうして」を思い出してください。

「なんとなくなんだ。でもきっかけはあったでしょう。誰かに誘われたの？　それともかっこいい先輩とかいたの？」

と、**今度はこちらから具体的な情報を出して**続けます。今度は「なんとなく」という返答はありえません。

「かっこいい先輩はいた。でも好きだったのはバスケ部の先輩」

などと何か具体的な話が返ってきますし、そこで「バスケなの！」ってツッコむこともできます。

「その人」につながる話は、「情報」を聞いても出てきません。「理由」「行動」「気持ち」を聞くと、その人らしさが引き出せて、会話が広がります。

公式09 「話を続ける」ためには、「Why」「How」

相手の話を「映像化」させれば、質問を思いつく

初対面の人との雑談は気づまり、という人もいると思います。ぎこちなく話しているときに生まれた、なんとも言えない間。どうにかしたいと焦りませんか？　そこで頑張っておもしろいことを言おうとして、さらなる沈黙が続いたとき、自身の無力感を感じることもあると思います。

でも、実際には初対面の人が相手のほうが、雑談は続くんです。なぜかというと、基本的には向こうもこっちも相手のことを知らないわけだから、経歴なりなんなりといった、あたりさわりのない質問をどんどんしていけばいいからです。

「困ったら、小学生時代から」

これが鉄則です。

出身地、住んでいたところ、

「小学校時代はどんな子でしたか？」

「中学や高校ではどんな部活に入ってましたか？」

「大学時代に何をしてましたか？」

「その地域だと、遠足とかはどんなところに行くんですか？」（学校によって24時間歩く遠足とか特殊なことをしていて、聞いてみると意外とおもしろいんです）

などなど。誰にでも答えられる質問がよいと思います。


ここで大事なのは、**何か特殊な話が出てくるまで、焦らず聞くこと**。「それ、珍しいですね」というポイントや、自分の知識と共通する話が出てくるまで質問をしながら、鉱脈を探していきます。

質問が浮かぶ「話の聞き方」とは？

話を聞くときのコツは**「映像化させながら聞く」**ということです。

たとえば、

「学生時代何やってたの？」

「野球部のマネージャーだった」

と言われたとします（またマネージャーで恐縮です）。

そのとき、**「えー、そうだったんだ」で終わらないようにしてください**。必ず、頭の中に「野球部のマネージャー」を映像で浮かばせます。そして、自分の記憶の中の「野球部のマネージャー」を手繰り寄せます。


もし、映像が浮かばなかったら、それは自分がよくわかっていないということだから、「実際にどんなことをするの？」と聞けばいいですよね。

もし、なんとなくマネージャーのすることがわかっていたら、

「ベンチに入ったことあるの？」

「レギュラーを発表するときって、あったでしょう？　伝えるときはどんな気分なの？」

などと話をしていくと、どんどん広がっていきますね。

で、「やっぱり、マネージャーと部員って何かあるんじゃないの？」って、恋愛の話を振って、

「いや、私の彼、バスケ部だった」

「そこかい！　じゃあ、バスケやればいいじゃん！」

みたいなツッコミを入れれば、雑談が盛り上がっていきますよね。

「映像化」と「記憶」をたぐって、会話を膨らませてみてください。

公式10
相手の話をイメージ化させると鉱脈が見つかる

相手の話をただ受け止めない

話の受け方にも、話が続く受け方と話が続かない受け方があります。

上司「ゴルフやる?」
部下「やりません」
これだと一瞬にして会話は終わります。では、こちらはどうでしょう?

上司「ゴルフやる?」
部下「ゴルフはやらないんですが、サーフィンは興味があります」

これだと少し話が続きそうですね。上司のほうから「なんでサーフィンなの?」と聞いてくれるかもしれません。でも、その後話が続くかどうかは、相手の出方にかかってきます。

一番いいのは、質問することです。

部下「ゴルフはやらないんですけど、おもしろいですか？」

相手は自分がゴルフに興味があるから、「ゴルフやる？」って聞いてくるんです。この場合、上司はゴルフが好きなのですから、ゴルフについて聞いてあげれば、確実に話は続きます。わからなかったら、「それは、どういうことですか？」と素直に聞けば、相手も話してくれるでしょう。

ウケる会話で大事なことは、話の流れを作ることです。

そのためには、話のベクトルは、いつも相手に向けておくことが肝心です。

常に相手がどう反応してくるかということを考えながら、答えたり質問したりしていると、話は続いていきます。

公式 11
答えることよりも、「話を続ける」ことに意識を向けよう

「返答」は具体的な言葉を入れる

初対面のときは「質問」で相手の趣味などを探っていくことも多いと思うのですが、そんなとき、こういう「返答」は話を盛り下げます。

「音楽で何が好き?」

「そのときの気分で聴きますね」

「あんまりこだわりなくて」

これは話が続きません。まったく発展しません。さらに、

「いや、最近、聴かなくて」

質問したほうは、砕けますね。「何が好き? 聴かない? ああごめん、音楽は聴かないんだね」って、心がしぼんでいくわけです。

こういうときは、何か**「具体的な話」**を言ったほうがよいのです。ものすごく聴い

ているわけでなくても、

「最近、気に入っているのはこの曲です」

「昔はこんな曲を聴いていたよ」

などと答えてくれたほうがいいんです。

知っていればそれで話がはずむし、知らなくても「それ、どういうの？」って相手も聞けますよね。


たまに「趣味は」と聞いたときには「別にない」と言ったのに、話しているうちに、ヨガに通っていたり書道をしていたり、なんらかのことをしている人がいます。

だったら、

「別に趣味じゃないけど、今ホットヨガやってます」

と言ってくれたら、

「何、それ？」

「室温を上げてやるやつだよね」

などと話のネタになるわけです。

本人はヨガなんておもしろくないと思っているのかもしれませんが、相手はおもし

ろいと感じるかもしれません。少なくても質問には、具体例で答えましょう。

○相手の周辺情報を集めている序盤は、特に「具体的」に

特に、何かの会合であれば、序盤は意識してみてください。中盤以降は、大体その人となりがわかっているから、考えだったり気持ちみたいな抽象的なものでも話は進みますが、**最初はその人の周辺情報を集めているんです。**そういうときに漠然としたことを言われると、なかなか話が続きません。テレビ番組でも「1つのことを表わすためには1つの具体例から広げる」というのが鉄則だったりします。

別に、相手が知らなくてもいいと思うんです。

「僕は基本ハードロックです。陰陽座って知ってる？　妖怪メタルなんだけど」と言って相手が知らなかったとしても、もしかしたら、「へえ、何それ」って聞いてくれるかもしれませんよね。

どんな話でも具体的であれば、相手はリアクションがとれます。それについて質問

もできます。**漠然とした話では、相手も話を続けようがなくなるのです。**

活用例

「そんなに凝ってないけど、今ヨガやってます」
「趣味とまでは言えないけど、最近フットサルをはじめました」
「最近、映画は見ないけど、一番好きなのは『バック・トゥ・ザ・フューチャー』かな」
「映画、最近見てないけど、日本映画が好きかなあ」
「昔はよく、さだまさしとか聴いてたけどね」

公式 12

「具体的な話」が、話を進ませる

相手が質問してきたことは、聞き返す

基本的なことではありますが、**相手が質問をしてきたことは、聞き返しましょう。**

大抵、相手が質問してくることは、基本的に聞いた人自身が興味があることなんです。いわば、質問されたがっていることを聞いてくるといってもいいでしょう。

だから、「音楽何聴くの？」って相手が質問してきたら、まず自分の好きな音楽を伝えた上で、「どんな音楽を聴いてるんですか？」と質問をします。これは基本中の基本です。ここで質問してあげると、相手は喜んで話してくれると思います。

話はすぐに相手に返す

なお、話を続けているとき、くれぐれも話を盗らないように。

特に話すことが苦手な人が相手の場合は、自分が話をした後、すぐ会話が途切れて

しまう可能性があります。たとえば、

相手「中学のときは必ず海で遠泳があって、大変だったんです」
自分「ウチもなんですよ」
相手「ああ、そうですか」

で終わってしまいます。

だから、

自分「ウチもなんですよ。海の近くの学校には共通するんですね。**で、どのくらい泳いだんですか？**」

とすぐ相手に返してあげたほうが、結果的に自分もラクになると思います。

複数で話しているときも、「2人」から話しはじめる

複数で話していて沈黙が出た場合も、これと同じです。

気をつけたいのは、変に全体をフォローしようとしないこと。

たとえば4人いる場合、まずは隣に座った人にその人のプロフィールを聞きます。

すると、それに何か共通点があれば、他の人も自然と話に加われますし、もしそうでなくても、あなたとその隣の人の会話が流れているだけで、場が救われるんです。

変な間が空いたときって、みんな気になるはずなんです。

特に2人の場合や、初対面の場合は、相手も気を使っていますから、何か振られたら〝渡りに船〟、と話してくれます。

まずは、**緊張感をやわらげることが先決。**

「おもしろい」はその後で、大丈夫です。

公式13 緊張感をやわらげて距離を縮めることが第一！

THE RULES OF
THE FASCINATING TALK

CHAPTER 3

話し方をちょっと変えただけで会話がおもしろくなる12の公式

CHAPTER 3

なぜ、あの人の話はおもしろいのか

雑談で盛り上がった。質問することで話が続けられた。関心をよせられて相手は気分がよくなる。場がリラックスする。さて、CHAPTER2までで、お笑い的にいえば空気があったまっている状態ができました。

いよいよここからがこの本のメインイベント。笑いをとり、ウケる真髄に迫っていきましょう。

日常でおもしろい人って、何気なく言った一言で相手を笑わせます。変にボケたりギャグを言ったりするわけではない。何気ないからおもしろい。だけど何気ないだけに、「なんでおもしろいのか」を意識することが難しいわけです。その難しいことに挑戦しなければなりません。

でもご安心ください。できるようになるには1つのコツでいいんです。

それは、「自分から離れること」、つまり「自分やその場を観察する癖」を身につけることです。

失礼なことを言われてムカー！となったとき、そのまま反射的に言い返すか、一瞬「あ！　オレ今怒ってる」と自分の感情を認識するかで、頭の使い方はまったく違ってきます。出てくる言葉も変わります。

反射的に言い返せば、そのまま相手との関係は悪くなるでしょう。

でも、自分の感情を認識した上で、相手との関係も悪くしたくないな、と思ったら、違う言い方も生まれてきますよね。

それに、おもしろいことを言ってウケるためには、**相手の感情や場の空気を感じとらなければなりません。自分の感情のままでは、そのセンサーは働きません。**

この章で挙げていくポイントを日常で実践するときには、自分を客観視する癖をつけてください。きっと今まで知らなかった自分を発見できます。そして「おもしろい一言」が見つかります。

これまでの会話にひとひねりのスパイスで笑いは生まれます。どうぞご堪能くださいませ。

「おもしろい会話」は変換している

バラエティ番組などを見ていると、よく、ツッコミとボケみたいな役回りがあります。これを会話で考えると、ツッコミは質問、ボケは「回答」（返し）にあたりますね。
話がおもしろい人は、**この「返し」で言葉を変換しています。**

A「今日の夕御飯もさんまでいい？」
普通の人「また!?　いくら旬だからって勘弁してよ」（返し）

A「今日の夕御飯もさんまでいい？」
おもしろい人「毎日DHAがとれていいな〜。とりすぎも体によくなさそうだけど…」（返し）

話がうまい人は、コメントを返すときに、さんまはさんまだけど、さんまを別の表現で言えないかなと考えます。そのとき、DHAと浮かんだら、**「DHA⇓体にいい⇓でも、毎日は嫌だな」**と連想できます。つまり、言い換えるとき、頭の中で連想ゲームがはじまるわけです。

これを使うと、会話は豊かになります。同じ言葉でも言い換えれば話がはずみます。この例のように、角を立てずにモノを言うことができます。

連想して話を転換する

次の例は、僕が学生時代に合コンでとてもショックを受けた出来事です。

女A「ヨシダさんってさあ、誰かに似てる」
女B「……なべおさみ？」

女性陣も男性陣も爆笑。

若い僕にはとてもショックな出来事でした。決して顔がいいわけではありませんが、それでも若いときは、もう少し自分を高く見積もっているわけです。なのに「なべおさみ」（別になべおさみさんを否定しているわけではないですよ。でも、気持ちはわかってもらえると思います）。そこでなんと答えるか。

普通の人　「似てないよ」と否定する。

頭に来たのだから、否定します。ただこれではウケません。若い僕は必死で考えました。そして答えました。

僕「僕は、ちゃんと試験して入ったけどね」

このときなべおさみさんは、裏口入学の件で話題になっていました。だから、ウケました。

解説すると、「なべおさみ」と言われた瞬間、その人はどんな人だっけ、って考えます。そして、「似てる」と言われて傷ついたのだから、「似てない」面をピックアップします。

図 3-1　言葉を「変換」して切り返す

「なべおさみ」に似ている

↓

怒り
（直接的な感情）

↓

自分を客観視
（頭を冷やす）

↓

連想
（ニュース）

↓

再考
（なべおさみから連想）
「裏口入学事件があった」

↓「似てないところ」をピックアップ

自分と結びつけて「似てないところ」を見つける
「でも、裏口入学はしてないけどね」

「なべおさみさん」は、当時、裏口入学が問題になっていた。

↓

でも、僕は裏口入学はしていない。

こういうふうに連想して返すのも、笑いをとりやすい方法です。間違いなのは、こんな返し方をする人です。

間違いの人「え？　それよりキムタクに似てない？」

まったくかけ離れているものは、より場をしらけさせますのでご注意を。せめて「どちらかというとキムタクよりじゃない？」くらいにしておきましょう。

「なべおさみ事件」は今でも引きずっているくらいショックな出来事でした。でも、この一言で、話題は「僕が何に似ている」という話から、裏口入学の話に変わっていったわけです。合コン的には致命傷にもなりかねない危機を救ってくれました。うまい切り返しは、自分の危機を救います。

活用例

A「なんかやばいなーって思ったんだよ。あれ虫のしらせかな」
B「気のせいじゃないの」
A「まあそうなんだけど、見えない何かでつながってるんじゃないかな。だってほら、無線LANも見えないじゃん」

公式 14

「連想」＋「変換」で気のきいた言葉が見つかる

話の中で「矛盾」と「違う意味」を見つける

おもしろいことを見つける視点として「矛盾を見つける」ことと、「違う意味を見つける」ことがあります。

まず、矛盾についてお話しします。

ある歓送迎会での出来事です。あるグルメな先輩がこう言いました。

先輩「孤独のグルメの店にみんなで行こうよ」

さあ、どこに矛盾があるでしょうか？　表面的にはまったくありません。

こういうとき、

おもしろい人「孤独なのにみんなで？」

と言えるかどうかが、おもしろい人と普通の人の分岐点です。

「孤独」に楽しみたい店に「みんな」で行く矛盾をつく。こういった気づきに、人は虚をつかれて笑います。CHAPTER1でお話しした**「隠された真実」**です。笑いとはバカなことだけではないんです。

真実という言葉には重みがあるので、高尚に捉えてしまう人もいるかもしれませんが、今出した例のように、真実とはちょっと違うけれど、聞くと「確かに！」って思うことを見つけるのがコツです。

同じ言葉でも「違う意味」を見つける

では次に「違う意味」を解説しましょう。

有名なフレーズを、ちょっと「違う意味」で使った例です。

「サラリーマンNEO」の例になりますが、その中に後輩が企画した東進ハイスクールのCMのパロディがありました。内容は、受験を転職に置き換え、名物講師そっくりの役者達が、転職についてアドバイスするわけです。音も画角（見え方）も一緒。このパロディはとてもウケました。そしてその何年か後、大手の自動車会社が東進ハイスクールのパロディCMを流し、2014年には「今でしょう」というフレーズが大流行しました。

僕は忸怩《じくじ》たる気持ちをフェイスブックに書きました。

「じぇじぇじぇ」が流行語大賞をとりました。ありがとうございました。

「今でしょう」もとりました。複雑な心境でした。

というのも「サラリーマンNEO」では、東進ハイスクールのパロディを2年前に作り、とても人気がありました。

ただ深夜の悲しさ。知る人ぞ知るどまりでした。某大手自動車会社のCMを作った人が、これを見ていたかどうかはわかりませんが、もし今NEOがあれば、自分達が先だったということを訴えた上で、自分ツッコミしたと思います。

「今でしょう」

♪出囃子　お後がよろしいようで……。

図3-2 「矛盾」と「違う意味」を見つける

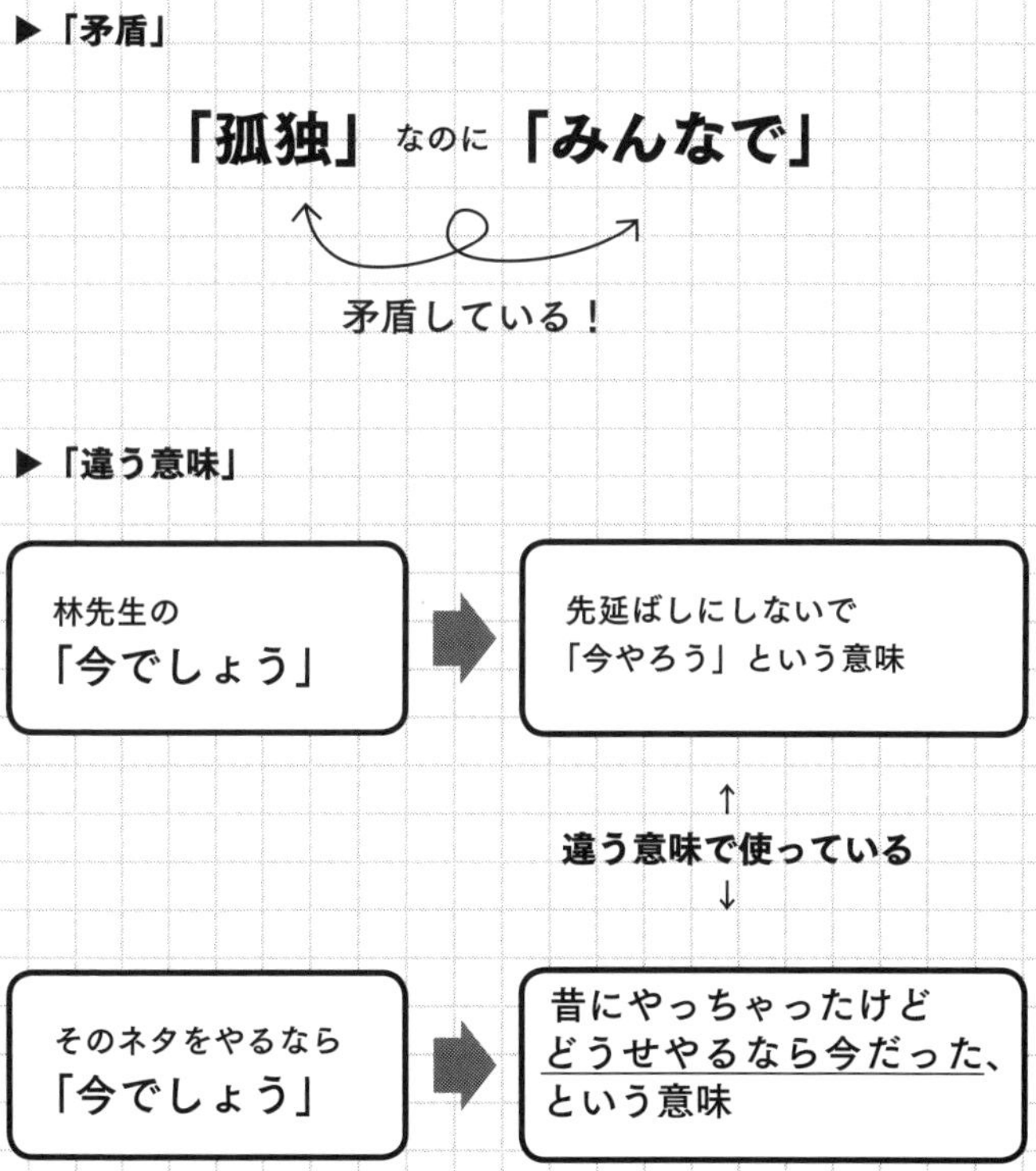

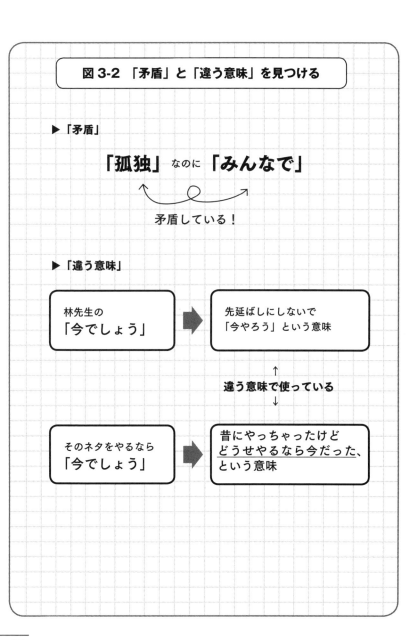

「今でしょう」は本来、未来に向かってのメッセージです。それを早すぎた自分達へのツッコミとして使ってるわけです。

これがひねりです。

林先生の「今でしょう」という意味の「今でしょう」は、「やるなら、今でしょう」ということで「先延ばしにしない」という意味の「今でしょう」です。でも、僕の「今でしょう」は、「何年も前にやったけど早すぎた。やるなら、今でしょう」です。

少し高度ですが、こういう使い方ができると、スマートに見えます。

おもしろいことを言う人って、誰かの言ったことを鵜呑みにせず、「待てよ」と、その言葉を捉えて一瞬考えています。癖みたいなものですから、試してみると、言葉のセンスも変わってくると思いますよ。

公式15 相手の言葉をただ受け止めず、1回ひねる

のっかって否定する「1回肯定」のルール

返しについて説明してきましたが、ただ単純に相手にのっかってしまうことで、おもしろい返しにつなげることもできます。

〈A〉

「アゼルバイジャンって、どこ?」

「ここ」(世界地図の日本を指す)

「違うよ!」(返し)

〈B〉

「アゼルバイジャンって、どこ?」

「ここ」(世界地図の日本を指す)

「そうそう、って違うでしょう!」(返し)

どちらが場が盛り上がると思いますか？　「違う」って言ったら、話はおしまい。相手は「アゼルバイジャンの位置」はわからないけど、日本を指すことでボケています。**ボケには必ずのってください。その後は、普通に否定すればいいんです。**また、のっかると、自分も追い込まれるので、思わず言葉も出てくるものです。

「そうそう、って、オレらアゼルバイジャン人か！」

多少照れてしまう要素ははらんでいますが、思い切ってのっかれば笑いが出ますよ。

イラッとする話にもまずはのる

A「オレ、太ったかなあ？」
B「肉の食べすぎじゃない？」
A「いや、そんなに食べてないけど」

Bの言葉はイラッとしますよね。でもここで否定しても、険悪になるだけ。こういう場合も、のっかれば笑いが生まれます。

A「オレ、太ったかなあ？」
B「肉の食べすぎじゃない？」
A「そうなんだよ。ま、ここの肉（自分のおなかを指して）が一番美味かもしれないけどね」

続く言葉が思いつかなくても、「そうなんだよ」と言っている間に、頭が柔軟になって次の言葉が浮かんできます。

会話においてポジティブシンキングとは、自分を肯定することではありません。相手や環境を肯定することだと思います。

活用例

（部下が間違って部長印の欄に部下自身の印を押してしまった場合）
「○○くん、部長かあ、いつの間に出世しちゃった？」

公式16

「まず1回肯定」のポジティブさが会話を楽しくする

相手の「よかった話」には、逆の経験を返す

先ほど、「オレも」「私も」は禁止と言いましたが、ただし、自分にその人が話しているることの「逆の経験」がある場合は、別です。

そこから、**「逆の経験」を話すことで「笑い」にもっていけます。**

次の例を見くらべてください。

〈悪い例〉

女性「私にはまったく関心がなさそうな人がいたんだけど、後で友達から、実は彼はあなたともっと話したかったらしいよ、って聞いて、今度会うことにしたんだ」

男性「オレもさ、まったくノーマークの子がいたんだけど、なんか話したいとか言われて、今度会うんだ」

女性「へぇ、そうなんだ」

ここでは男性は、女性とまったく同じような自分の経験を話しています。まあ、「へぇ、そうなんだ」で終わってしまいますよね。

〈改善例〉

女性「私にはまったく関心がなさそうだったんだけど、後で友達から、実は彼はあなたともっと話したかったらしいよ、って聞いて、今度会うことにしたんだ」

男性「えー、オレはまったく逆で、イケると思ったのに完全にフラれたんだよね」

女性「何それ、そんなことあるんだ（笑）」

今度は「逆の経験」を話しています。これなら話が盛り上がります。

相手の話を聞いているとき、もう一歩踏み込んで笑いにしたいのなら、相手の話を聞きながら、自分の経験の中から、逆のエピソードを探します。あくまでも、話してくれた相手の経験は、「相手の特別なもの」として差し上げておきましょう。

相手の話は基本的に自慢です。だから自分を下げて笑いにしてしまいます。自分を下げる＝人の不幸です。すると、相手から「おもしろいねー」ってことになります。なお、相手の話がよくないことの場合は、逆の話をしてもイラッとされるだけです。さらによくない話を見つけましょう。

活用例

〈相手がよくない状況の場合に逆の話をする〉

A「来週締切りのレポート書いた？　分量が多いからまだ終わらないよ」

B「ええ！　私なんか、今そのレポートのことを思い出したよ」（自分はさらに悪い状況）

公式17

相手の「よかった話」は、特別のものとして差し上げておく

自慢話は「自虐」を添える

失敗は話をおもしろくする大事な要素。その中でも積極的に使っていきたいのが「自虐」です。

でも、自分としてはいいところを見せたいわけだから、うまくいった話や自慢話もしたいじゃないですか。

そんなときのための「自慢を自慢で終わらせないコツ」があります。

それは、**自慢話に「自虐」を添える**、ということです。

例を見てみましょう。

〈例〉

「どこに住んでるんですか？」

「港区の45階建の高層マンションに住んでます。コンシェルジュも朝9時から夜10時まで3人いるんです」

「へえー、いいところに住んでますね！」

ここで「まあね」って言って終わると、「感じ悪い人」になってしまいます。

だから、こんな話を続けます。

「とはいっても2階なんですけどね」

45階建てと聞くとほとんどの人が高層階を思い浮かべます。しかし、実際は2階。**そのギャップに思わず、笑います。**そして、さらにこう続けます。

「エレベーターで高層階の住人と一緒になると『階段を使えよ』って思われているんじゃないかと思いながら、2階のボタンを押してます。卑屈な気持ちを抱えて住んでるんですよ」

45階の高層マンション。しかし、住まいは2階で高層階の住人に敗北感を感じながら生活している。まさに自虐です。こうなれば嫌味になりません。「すごいところに住んでいても、目線は自分達と一緒だな」って感じてもらえます。

図 3-3　自慢話は「自虐」を添える

45階建ての
高層マンションに
住んでます
えぇ〜っ
すご〜い
でも2階
なんですけどね
な〜んだ
そっかー

相手は安心して笑いが起こる

こういう自分が感じているマイナスの感情を出すと、自慢したいことを話しながらも、親近感のある笑いにつなげられます。

ちなみに、

「45階建に住んでいますけど、36階以上は別のエレベーターがあるから、僕らは入れないんです」

というオチもありそうです。

○話したいことは「質問」させる

こういうネタは、自分のカードとしてとっておき、困ったときに出すと便利です。ただし、くれぐれも「オレが住んでるのは〜」などと、自分から自慢話をはじめないこと。まず、「嫌味な人」と思われます。

だからまずは、「どこに住んでるの？」と相手に聞きます。相手が「自分は◎◎に住んでいます」と答えたら、大体相手はこちらに聞き返してきます。そのとき、このネタを話すわけです。

自分のネタを言うために相手にまず質問して、相手から質問してもらう（ツッコん

で）もらう。これもひとつのテクニックです。自然な流れでウケるためには大事なことです。

なお、万一、相手が聞いてこないときは、相手はなんの興味もないということです。潔く、その話はあきらめましょう。

活用例

「社内で賞をいただきました。賞金は3000円でしたけど」

「TOEICで900点とりました。でも外国の人を見ると緊張して、なかなか話せません」

「◎◎大学に入りました。補欠入学ですけど」

公式18 「自慢」＋「自虐」は、好印象を残せる

「一番」「優秀」「エリート」は笑いの種になる

優秀な人、エリートの人。世間では絶対的な価値がある人やモノも、笑いをとるチャンスになります。

僕は若いころバラエティの前説をしていました。収録前に番組の説明とともに、観客を盛り上げ、場をあっためる役目を負っています。とはいえ当時の観客はバイトで来た大学生。番組観覧をバイトにし、色々な番組を見ている人達でした。芸能人が出ても慣れてしまっていて「わぁ〜っ」とはなりません。そんな状況の中でも、ディレクターとつながっているインカムから、「もっと盛り上げろ！」と理不尽な指示がきます。

その中でもきつかったのが、落語家が出演するバラエティでした。今でこそ落語は流行っていて、若い人も見ますが、当時はおじいちゃん・おばあちゃんの愉しみ。大学生を盛り上げるのは、なかなか厳しい状況です。

案の定何を言ってもウケない。だけどあるきっかけからウケはじめました。

僕「今日は大学生の方が多いということですが、青山学院の方はいらっしゃいますか?」

ちらほら手があがる。

僕「僕の後輩です。さすが僕に似て美男美女がおそろいです」

軽く笑い。

そして個別に質問。何人かに出身大学を聞いた後に頭のよさそうな人に聞きます。

僕「どちらの大学からいらっしゃいましたか?」

学生「東京大学です」

僕「へぇー………嫌いです」

ここで笑いが起きます。

東京大学は誰もが認める日本で一番偏差値の高い学校です。だからいじれます。ただ単に嫌いって言っているわけではないんです。「嫌い」って言いながら、相手を立て、自分を下げています。**言っている僕の僻《ひが》みも垣間見えて、おもしろいわけです。**

一般的にすごい人、すごいものを見たら、「ウケ」をとるチャンスだと思ってください。「絶対的な価値」はフリになります。絶対価値であるがゆえに、同じ前提に聞く人をのせられるため、共感が生まれます。

たとえば、内輪だけで盛り上がることがあります。これは共通の体験があるからこそ、共感して盛り上がるのですよね。**「絶対的な価値」はみんなが同じようにもっている前提です。**みんなが共通にもつ共感によって話に引き込まれるわけです。

たとえば、こんな一言。

「この方医者です。痔持ちですけど」

痔持ちって元来おもしろ要素をもった言葉です。医者のイメージはほとんどの人が共有できます。医者と聞いた瞬間、「医者は病気と無縁」というイメージをもつ人なら「医者なのに痔持ち」という「落差」で笑えますし、医者の不養生と考える人なら「そっちの病気かよ」とのツッコミで、笑ってしまうのです。

公式19 フリなくして笑いなし。絶対価値をフル活用

たとえ話には、「虎の威を借る」型と、「共通点を見つける」型がある

話をおもしろくするのに「たとえる」ってすごく大事です。うまくたとえて話すと、相手に「おもしろい人だな」とか、「自分のことをわかってくれているな」と思ってもらえます。

たとえを大きく分けると、「虎の威を借る」型と「共通点を見つける」型があります。

①虎の威を借る型

これはすごい人の話をしてたとえる方法です。

「自分は変わらなきゃいけないんだ」という話をしたとします。そのときに、「イチローさんも王さんも、毎年バッティングフォームを変えていたんだって。2人とも個性的なフォームだし、自分の道を極めようとしているのかと思っていたんだけど、びっくりだよね。あんなにすごい人が変えているのに、なんで自分はこのままで

いいんだろうって思ったよ」

と言うと、聞いている側の感じ方は違ってきます。「そうか、変わるって大事なことなんだな。だから、この人は挑戦しようとしてるんだな」ってわかってくれます。

「自分は変わらなきゃいけないんだ」

「だから変わらないとダメでしょう」

と抽象論ばかり言っている人もいますが、それだと「へえ、そうなんだ」で終わってしまいがちです。

注意点は、イチローさんや王さんなど「すごい人」について、**自分が感動した点や具体的な点を話すこと。**「イチローさんも王さんも変えようとしていたのだから、自分も変わる」だと、すごい人のやることなら、なんでもやるのか、と、自分をもっていない人のように見えてしまいます。

②共通点を見つける

誰かが、何かを説明しようとするのですが、うまくはまる説明ができずにいるとします。そのとき、

「それって、●●みたいなもの」

と聞いてそれがぴったりしたたとえだと、

「そうそう！　そんな感じ！」

って笑いが起きますよね。相手が自分のことをわかってくれているような空気ができあがります。

たとえば、こんな会話。

「この前食べたプライムリブってすげーうまかった」

「何、それ？　ステーキ」

「ステーキよりはやわらかいんだけど……」

「ローストビーフ？」

「よりは、もっと分厚い」

「うーん、たとえば宮﨑駿の映画に出てくるようなお肉？」

「ああ、それそれ、うまそうでしょう」

「たとえ」といえば、具体的事例の説明に使われますが、ウケる話では共感させるのに使います。相手がもぞもぞして言い当てられない表現を、

「どのくらいの厚さ？」

「厚さは好みで選べるんだけど……」

なんて続けても盛り上がりません。こういうときはみんなが知ってるであろうことに置き換えて「共感」させることが大事です。

コントの笑いでも「あるあるネタ」というジャンルがあります。日常みんなが体験したことを描くと、オチがなくても「あるある」でクスクス笑いを呼びます。共感も笑いになるんです。

なお、こういうときイライラして、「それじゃ、わかんねえよ」と言っちゃう「受けない人」は「ウケない人」です。心にとめておいてください。

活用例

A「えっと、全体を一気に売るんじゃなくて、ちょっとずつ提供して引っ張るというか」

B「それって、ディアゴスティーニの雑誌みたいなもの？」

公式20

「虎の威」は自分、「共通点」は物事の説明に効果がある

描写は「リズミカル」かつ「具体的」に

話すときは、具体的に描写したほうがおもしろいです。

たとえば、焼肉屋さんで、

「最近年で、肉が食べられなくなった」

「ほんとに、そうだよなあ」

だと、そのまま終わってしまいますよね。

そこで、以前、たくさん食べられたころの自分を思い出して話してみます。

「最近年で、肉が食べられなくなった」

「昔は、カルビが食べたかったのにね」

これだと、ちょっと話が進みますよね。相手も昔のことをイメージして、「そうそう、あの焼き肉屋おいしかったなあ」みたいな話が出てくるかもしれません。

もう一歩進んで、それを描写してみます。

「最近年で、肉が食べられなくなった」

「昔は、タン、ロース、カルビ、カルビ、カルビ、カルビだったけどね」

描写とリズムです。「カルビ、カルビ、カルビ、カルビ」と4回も強調されると、「タン、ロースも、儀式として食べてるけど、本当はカルビ1本でいきたいぐらいだった」っていう気持ちが伝わります。3回でなく、4回です。**ダメ押しのようで、インパクトが強まります。**

また、こういう言い方をすることによって、本当はカルビが食べたいのに、なぜかタンからいかないといけないような空気で、そう食べたくもないタンとかロースを最初に頼んじゃうんだけど、本当はカルビが食べたかったんだよねといった若いときの気持ちが共感でき、ウケる状態になります。

○具体的に言うと相手のクイツキが変わる

この「具体的に」はとても大事です。

×「昨日、東京ドームで野球を見たんだけど」
○**「昨日、東京ドームの内野席で野球を見たんだけど」**

「内野席」を入れることで、話を聞いた人に、具体的な映像が浮かびます。

実は、芸人さんのトーク番組もこんな話し方をしています。

「高校のとき、山田ってやつがいてさあ」

山田なんて誰だかわからないけど、いいんです。単に「高校のとき、おもしろい人がいて」などと言うよりも具体的にイメージできるのでクイツキが違ってくるのです。

話をするときは、具体的に表現するように心がけましょう。

公式21

相手にイメージが湧く「具体的な言葉」を使おう

困ったときは、「太ネタ」でのりきる

今ひとつ盛り上がらない雑談や飲み会。そんなときに頼れるネタが1つあると便利です。そういうネタを**「太ネタ」**と言います。

たとえば、スリムだけど実は隠れ巨乳の女性。それをネタに話を盛り上げます。

「私、痩せて見えますけど、巨乳なんです」

実際彼女を見てもとてもそう見えないので、みんなウソウソとツッコみはじめます。

すでに盛り上がっています。

すると彼女は続けます。

「何カップだと思いますか?」

みんな小さめに答えます。男子はこの時点で否応なく盛り上がってしまいます。

そこで彼女は答えます。

「ドリームカップです」

なんだよ！　それ！　とまたツッコミが出て、盛り上がります。ここで「言えませんー」とごまかしては場がしらけてしまいます。「ドリームカップ」は、頭文字がDですから、暗に答えているところもミソです。こういうのが太ネタです。

太ネタが1つあると、その後も困ったときに活用できます。
ほめられたら⇓「ま、ドリームカップなんで」
くさされたら⇓「でも、ドリームカップですから」

など、それをなんでもオチにして再利用できます。

「あるあるネタ」は中ネタになる

「えー、ドリームカップなんて、うまい言葉は思いつかない」と言われる方もいらっしゃるでしょう。その場合は、話のきっかけになる「中ネタ」でも結構です。つまり、「あるある」というネタです。

たとえば、「信号で待っていたら、隣に営業マンらしき2人がいたんだけど、その上司が部下に『営業の決め手は、話を聞くことだ！』と延々しゃべり続けてたんだよねー」って話。話を聞くことが大事だって言っている本人が、ずーっとしゃべっているという人間のおかしさがあります。こういうネタは、必ず「そういうことあるよねー」と何がしか話がつながりやすいものです。

繰り返しますが「ウケる」とは、人が興味をもつ話です。誰もが反応できるネタを、1つか2つ用意しておき、緊急時に出動させましょう。ちなみに僕は、小2左頭部損傷事件（脳の話）か、98キロからの生還（ダイエット話）が「太ネタ」です。「誰にでも自分の人生をテーマに1冊の本が書ける」と言われますが、**「誰にでも人生をテーマに必ず笑いがとれるネタがある」**と思います。ぜひ、見つけておいてください。

なお、「これは太ネタになる」というものが出てきたら、困ったときのために、しっかり記憶に留めておきましょう。僕は iPhone にメモしています。

ただ「太ネタ」は便利なだけに取り扱いも注意です。

気をつけないといけないのは、**1回目にウケたときに引っ張らないこと**です。一度ウケると嬉しくて、その場で何度も何度も連呼してしまう人がいますが、これはもったいないです。ここぞというときに、再利用してください。

◯盛り上がったネタは「リサイクル」できる

なお、自分で太ネタをもっていなくても、**人の話を繰り返し使うワザ**もあります。その日の話題の中で、1つか2つは、何かしらみんながウケたネタってあると思います。そういう話はしっかり覚えておいて、また、似たようなシチューションが出てきたときに使います。

たとえば、前の「ドリームカップ」の例を使うと、一通り話をして、彼女が何かを言ったときに、

「○○さんはドリームカップだから」

と言えば、以前におもしろかったことをみんなが思い出して、笑いにつなげられるわけです。

要は、おもしろい話の「リサイクル」です。

ここでも気をつけてほしいのは、盛り上がってすぐ、その話題を連呼しないこと。それでは、みんな飽きてしまって「リサイクル」ができません。

一度盛り上がったら、まずはそこで終わり。違う話題を振って、みんなが忘れたころに使うと、効果的です。

公式22

太ネタは頼りになる。ゆえに再利用を考えて、引っ張りすぎないように

「意外と……」の話はなぜかウケる

笑いの要素の1つに**「隠された真実」**というのがあります。

これは「人」についても同じです。

「(いつもキリッとした人に)◎◎さんって、意外と天然だよね」とか、「(いつもおとなしそうな人に)◎◎さん、実は、言うときは言うよね」とか。

ちょっとでも「図星」と思えたら、言われた当人はもちろん、周囲も笑ってしまいますね。

結局、「笑い」っていうのは、ただ「おもしろいことを言ってる」とか、「はしゃいでる」ってことだけじゃないんです。**いつもは表面に出ない「隠された真実」をつかれたとき、「そうかも!」って思うと、なぜか笑ってしまいます。**ただ「おもしろい」というだけじゃない笑いが起きるんです。

僕は結構本格的に手相を学んだのですが、静かな人に対して「ああ、◎◎さん表面的には冷静に見えるけど、ケンカしたら意外と激しいね」と言って、当たってたとしたら、本人は笑っちゃうんですよね。

たとえ当たっていなかったとしても、「いや僕は意外と……」などと自分の話をするでしょう。結果的にその人の心の奥とつながったり、話が盛り上がったりするのです。

最近は、「心理分析」ができるアプリもありますので、そうしたものを活用するのもいいですね。

活用例

「○○さんって、無口に見えるけど、家では結構しゃべってるんじゃない？」
「○○くんって、お調子者に見えるけど、実は臆病なところがあるよね」

公式23

相手の意外な一面に気づいたら口にしてみる

「愛されるハゲと愛されないハゲ」の公式

「愛されるハゲと愛されないハゲ」がいます。「愛されるデブと愛されないデブ」でもいいです。


飲み会に行って初対面で、明らかにカツラな人がいるとします。

当人がそれについて触れなければ、誰一人それにツッコめない。

みんなが気になっていて、緊張感が途切れないまま、場が進んでいきます。

でも、いきなり、その当人が
「いやー、みなさん気づいていると思うけどカツラです！」

なんて言ってくれると、もう、いきなり愛されますよね。この人には何を言ってもいいんだ、というオープンな気持ちになります。

コンプレックスについては、**カミングアウトするかしないかで、その人のおもしろさの度量をはかっています**。別に笑いをとりたくなかったらやらなくていいんですが、「きっとこの人はそれをコンプレックスに思っているんだろうなあ」と周囲が感じていることを、先回りして言ってくれると、場はリラックスします。さらに、「ツッコんでいいよ〜」という場を作ってくれていることにもなるので、その場に必要な存在になります。

太っている人も、それで自分のことを恥じていると、周囲はそれを察して引いてしまうことがありますが、「オレ太ってるけど、食べるのが大好きでさ」なんて言われると、かえって健康的に見えることすらありますよね。

しかも、「ほらー、おなかなんてこんなにブヨブヨ、触ってみて〜」とふざけていると、意外と女の子が、「いやー、ホントだ！」なんて言って、笑いながら触ってるんですよね。

恥ずかしがったり隠されたりしていると、場が緊張するものなんです。

図3-4 「愛されるハゲ」の公式

ツッコんでいいのかどうか
わからない緊張感

▼

なごやかな雰囲気！

太っているとか、毛深いとか、そういうのって、本人はコンプレックスだけど、笑いになるんです。

「これ見て見て、オレすげえ毛深いから」「大丈夫大丈夫、ちょっと触ってみて」くらいになると、「いやーっ」て言われながらも、笑いで受け入れられるわけです。

女子でもすごい地味な人に「私、地味だけど、肉食です」とか言われたら、もうなんでも話したくなるような気がします。

ただ臭いに関するものだけはだめです。臭いは生理的な部分なので笑いになりません。

活用例

「(老けて見える人なら)こう見えても、20代です」

公式 24

コンプレックスは最大の武器になる

おもしろいと思うのに、イマイチ反応がないときの3つの対応

「おもしろいことを言っているはずなのに、誰も笑ってくれない。みんな、なんで、わからないんだ！」と焦る方もいると思います。

こういうとき、おもしろくないのはネタではなく、話し方だったりします。

タイプ別に対処法を紹介します。

〈症例1：「先走り」タイプ〉

A「日ごろ厳しい部長が大まじめな顔をして何を言うかと思ったら、『僕にもそのお土産くれる？』だって。八ツ橋好きなんだねえ」

B「部長が八ツ橋くれって」

どっちがおもしろいか明白ですね。部長が「お土産くれ」というのは、立場が上で厳格な人が子どもじみたことを言うからおもしろいんですよね。Bははしょりすぎです。**前提（フリ）がないので聞いた人は何がおもしろいのかわかりません。**

先走って、フリを話さずオチを言ってしまうと、相手は何がおもしろいのかさっぱりわかりません。

また、最初に「おもしろいことがあったんだけど」と言う人もいますが、それも興ざめです。聞いている側の期待度が上がってしまうので、あまりおもしろくなかったりすると、肩すかしをくらったような感じになります。

なお、フリの部分はおもしろくないので、丁寧に説明しようとすると焦ることもあるものですが、オチについては自分がおもしろいと思ったのだから、おもしろい要素は必ずあります。ぜひ、落ち着いて話してください。

〈症例2：迷走タイプ〉

特に女性に多いですが、聞いていると話の着地点がわからなくなる人もいます。本人は別に困っていないかもしれませんが、もう、聞いているほうは地獄ですね……（笑）。これどこにたどりつくんだろうって。挙句の果てには、本人も「あれ、これ何の話だっけ？」ってなります。

対策としては、**話す前に言いたいことを決めること。**急に違う「話したいこと」が出てきたら、まずはそれに気づきましょう。ちなみに、僕が察するに、話の着地点がわからない人っていうのは、基本的にモノを捨てられない人なんじゃないかって思います。

〈症例3：知識偏重タイプ〉

たとえば、合コンで最初から最後まで「現在の漁業の問題点」を話している人がいたとします。漁業の歴史からはじまり、流通や国境の話にまで話が飛びます。熱弁されると、聞かなければいけない気になってきますが、盛り下がること必須でしょう。

知識を滔々《とうとう》と話してしまう人の中には、他の人がそのことに興味がないことを忘れてしまう傾向があるように思います。

どうしても話したいなら、**「相手との接点」を考えながら話すこと。**お料理でサンマが出てきたときに、サンマ漁のうんちくを披露するとか、タイミングを見計らって、相手の興味の範囲で話すことが大事です。

公式25

ウケなかったら、このどれかに当てはまっていないか、確認してみよう

THE RULES OF
THE FASCINATING TALK

CHAPTER 4

シチュエーション別「おもしろい人の話し方」20の公式

CHAPTER4

実践！　ウケる会話の準備と勇気！

野球でも自分のバッティングを磨く練習とともに、状況に合わせたバッティングやバントなどを練習します。

会話でも自分の力を磨くとともに、それを状況に合わせてアレンジしていくことが必要です。いわばこれまでは基礎練習。これからは実践練習です。

実践で必要なのは、**準備**と**勇気**です。

よく仕事でも自分で決めた段取りが、現場で崩されるとパニックになる人がいます。

なぜでしょうか？

たとえばプレゼンでも、当人はちゃんと考えて準備をしていると思っているのですが、その準備の大半は自分のパワポを仕上げることのみ。しかもそれは前に成功したことがあるやり方。これは準備とはいいません。自分のことだけ考えていては、その場で想定外のことが起こると、対応できなくなってしまいます。

準備の第一は、立ち向かう状況の把握です。会社の規模やこれまでの付き合いなどで、提案の仕方は変えなければなりません。会話だって、人数の多さ、仕事かプライベートかなどの違いで、話題や話し方が変わってきます。

勇気も必要です。頭で考えていても実際にやるにはなかなか勇気がいります。逆にいえば、準備ができてさえいれば、必要なのは勇気だけです。

とはいえ、状況の把握とは難しいものです。そこで、CHAPTER4では、シチュエーション別の会話例をご用意しました。状況の説明や会話例もありますので、明日からでも実践できます。

この本で準備して、現場で勇気をもって試してみてください。これまでと違う相手の反応に驚くはずです。

〈2人で話す〉

聞くが8割。話すは2割

たまたま道で会社の同僚に会って会社まで行くとか、知り合ったばかりの人と帰りがけに一緒になるとか、仲がよいとまではいえない人と、話す場面があります。こういうときは、焦って笑わせないほうがよいと思います。

ひたすら聞きに徹する、が正解です。

相手を笑わせようと自分の話をすれば、相手は笑ってはくれるでしょう。でも、大抵はおもしろいとは思っていません（気づいてました?）。だって2人しかいないんですよ。その話がおもしろくなくたって、相手は気をつかって笑います。もう1対1だから、笑わざるをえないわけです。

特に男性の場合、相手が女性だと、ウケてると思って調子にのって、ギャグばっかり言ってしまうんだけど、実際には無理して笑ってるから、相手は疲れるわけです。

頑張れば頑張るほど、相手は冷めていきます。

人は、自分の話を聞いてもらっているときが一番楽しい

では、**相手が笑っているときはどういうときかっていうと、自分の話をしてるとき****なんです。**逆にいえば、自分に興味をもってもらってるときなんですよね。

仕事のことか、趣味のことか、その人の得意ジャンルを質問してあげるほど、相手は楽しくなって、しゃべってくれます。

大切なのは、「聞くが8割、話すが2割」と思っておくこと。

つまり、こうした場合、笑わせようって考えないほうがいいってことです。

特にまだそんなに関係性が深くない人の場合は、なおさらです。初対面の相手と2時間ほど話したときのことです。僕がしゃべっている時間は、2割ほどでしたが、それでも「おもしろい」と言われ、「今日は自分の話ばっかり聞いてもらってしまいました。ありがとうございます。今度は吉田さんの話を聞かせてください」とメールをいただいたことがあります。

不思議ですよね。自分の話をまったくしていないのに、相手は自分に興味をもってくれるんです。

そんなにいつも会うわけではない人と2人で話すときは、相手も気をつかっているっていうことが大前提です。

だから、まずは相手に気をつかわせないこと。そして、「あなたの話が聞きたいです」という気持ちをもって、相手の言葉に耳を傾けます。そして興味をもったことを質問する。自分のことは、聞かれたら答える。それで十分です。

「あの人おもしろい」って思わせたいのなら、質問8割、自分のこと2割で、会話を心がけましょう。

場を読む 公式 26

たとえ笑ってくれたとしても、本当は疲れている

〈友人と雑談〉

良かった話は最後を悪く、悪かった話は最後を良く

気心の知れた相手との雑談では、お互いのコンセンサスがとれていますよね。そういうときは、自分の話をしてもいいと思います。でも、より楽しく話したいなら、「良かった話は最後を悪く、悪かった話は最後を良くする」ことがポイントです。

〈良かった話〉

「この間、デパートのイベントの福引で1等が当たっちゃって！」（⇓良かった話）

「すごいじゃない」

「でも、当たったのがお米10キロ。電車で持って帰ったんだけど、めちゃくちゃ重かったよ」（⇓悪かった話に）

〈悪かった話〉

「昨日、帰りに電車止まっちゃって」（⇩悪かった話）

「大変だったね」

「もう動かないからいいや、と思って、止まった駅で飲みに行っちゃったんだけど、結構、あの駅いい店あるんだ。今度、一緒に行かない？」（⇩良かった話）

仲がいいと愚痴にもなりますが、「愚痴」にもおもしろく話すポイントがあります。1つは、**具体的に詳細を話すこと。**描写するような言い方で、相手を話に引き込みます。もう1つは、ちょっと高度ですが、やっぱりオチがあるといいですよね。でも簡単な方法があります。**愚痴から、最後に話を「転換」するのです。**

〈普通の人の例〉

「上司が、お土産でいつもたいしておいしくもないお菓子を大量に買ってくるの。私が会社で配るんだけど、みんな閉口して誰も手を伸ばさないいんだ。なんだか、私が責められてるみたいな気がしてきた」

〈おもしろい人の例〉

「変な服ばかり着る上司がいるんだけど、お土産もセンスがないんだよね。いつもたいしておいしくもないお菓子を大量に買ってくるの。私が会社で配るんだけど、みんな閉口して誰も手を伸ばさないんだ。なんだか、私が責められてるみたいな気がしてきた。**でも、たまに買ってこないと『なんで?』って寂しい気持ちになるんだよね**」

おもしろい人は、まず、上司のキャラクターの説明をします。仲がいい人との雑談なら、少々の説明は聞いてくれるから、具体的な設定も興味をもって聞けるでしょう。で、最後に、「たまに買ってこないと『なんで?』って寂しい気持ちになる」と言っています。あれ、実は結構気に入ってたんじゃない? 「ただの愚痴」だと思って聞いていたら、違った視点が出てきますよね。こういうちょっとしたオチがあると、愚痴もおもしろくなります。

場を読む 公式 27

知ってる仲だからこそディテールを話す

〈友人と雑談〉

「地味にハマってる」ことの話をする

長い付き合いだからこそ、「会話がない」みたいなことって起こりますよね。そんなときこそ、**「地味にハマっていること」**の話の出番です。

「実は、最近、『柿の種』を食べると止まらなくなってしまって。もう『柿の種』ばっかり食べちゃって」からはじめて、

「『柿の種』って、わさびとか、色んな種類あるの知ってる？」

「でも、わさび味は、ちょっと分量が少ないの。『同じ値段だな』と思ってるかもしれないけど、きっとわさびの分、分量が少ないんだよ」

「『柿の種』をさ、どういうふうに食べる？　やっぱり人によって割合があるんだよ。きっちり、あられとピーナッツを交互に食べるとかね」

こういう、**ほんとにどうでもいい話ができるのって、やっぱり、馴染んだ人との会話ならではです。**

でも、こういう話って、日常の「どうでもいいこと」に対して、鋭敏でないと出てこないものなんです。「最近ネットでよく見かけるあれは何だろう」とか、「最近、ペプシについているおまけが気になる」とか。普段の日常で、ちょっと気になったことを頭の中やスマホなんかにメモしておくといいと思います。

どーでもいい話ほどウケる

場を読む 公式 28

旧知の仲だから「どうでもいい話」が盛り上がれる

〈職場で愛されるコツ〉

上にはツッコんで、下にはボケる

会社で愛されるコツは、**「上にはツッコんで、下にはボケる」**だと思っています。

上司に「コイツおもしろいやつだな」と思われたいのであれば、ある程度、ヤンチャを装うことが必要です。会社なら、「言いたいことを言う」っていうスタンスですね。

たとえば上司が、「最近、うまくいかない」と言ったときに、「ゴルフのお話ですか？夫婦関係のお話ですか？」と、ぱっと返せるか。そこで、「それは言うなよ」みたいに明るく言える上司ならいいんですが、ムッとされると終わりですよね。上司のタイプは見極めないといけません。

ただ、ひとつ言えるのは、**上からかわいがられる人っていうのは、基本的には、「ものを言う人」**なんです。

しかも、「ものを言う部下」をかわいがる上司というのは、能力がある人であることが多く、おべんちゃら言う部下ばっかりをかわいがる上司というのは、基本的には能力がないんです（まあ、そういう人が出世する場合が多いのは確かなんですが、でも、いいんですか？　ずっと、おべんちゃら言って会社人生終わっても。出世したって55か60で終わるんだから、少なくとも、おもしろいほうがいいじゃないですか）。

一度「おもしろい」スタンスをとったら、仕事やプライベートにそのスタンスが波及します。逆に仕事で「おべんちゃらばっかり言って耐える」というふうになると、他のところでも「おもしろい人間」にはなれません。**そのまま「耐える人生」**です。

できる上司としても、ある程度場を読んだ上で、ツッコミを入れたり、「僕はこうだと思います」と自分の意見を言える人は、「おもしろい」ですよね。「あの人はおもしろいから」って、どこかで抜擢してくれる可能性だってあるわけです。

組織とか上司との折り合いとか色々なことはあると思いますが、自分の意見を言おうとする人って、誰かが必ず見ていてくれると思います。

場を読む　公式29

笑って許す人かどうかで、上司の力量もわかる

〈上司・先輩と話す〉
「でも、○○じゃないですか」の肯定＋ツッコミで、愛される部下になる

上司と話すときは、僕はツッコミ役に徹します。

大抵の場合、ボケても、上司はツッコんでくれません。

だから、上司と会話をしているときは、「それ、こういうことですよね」「それは、こうじゃないですか」と、こちらからツッコんでいくのです。

上司としては、たてつかない範囲で、自分に意見を言ってくれたり、積極的に話してくれる部下のほうがかわいく見えるものです（上の立場になってみるとわかるのですが、自分は部下に信頼されているのか、嫌われていないかということは、結構気になるものなんです）。

また、上手にツッコむことができると、自分の鋭さや、観察眼をアピールできます。

では、どうしたらおもしろい会話になるか。

この2つの会話を見てください。

〈A〉

上司「僕なんか、もう年だから、仕事しんどいんだよね」

部下「そんなことないですよ」

〈B〉

上司「僕なんか、もう年だから、仕事しんどいんだよね」

部下「でも、そのわりに徹夜したりしていますよね」

ぼやいているときの上司は、**自分がぼやいたことと反対のことを言ってほしい**ものです。「いや、やっぱり課長はすごいですよ」と言ってもらって、自信をもちたいわけです。

確かに、〈A〉は、上司のぼやきについて「そんなことないですよ」と反対して、いたわりの気持ちを見せていますが、これでは盛り上がらないし、おもしろい人とは思ってもらえません。

一方、〈B〉はどうでしょうか？ **少し具体的な話が入っています**。相手は「確かに残業もしているな」と自分の頑張りをあらためて感じられるので、納得感が違ってきます。さらに、こんなふうにするとどうでしょう。

〈おもしろい会話〉

上司「僕なんか、もう年だから、仕事しんどいんだよね」

部下「でも、夜は元気ですよね」

これ、**仕事の話から「夜」に視点をずらしています。**色んな意味を含んでいるので、想像する余白ができ、笑いが起きます。傍で聞いている人がいれば、「仕事はともかく、夜は元気なんだ」と思いますよね。言われた当人も思わず苦笑すると思います。ちょっとずらしておもしろくなる答え方は、ほかにも色々できます。

〈例〉

上司「○○専務には、嫌われてるんだよ」

部下「でも、受付の○○さんは、課長のことかっこいい、って言ってましたよ」

上司「最近仕事がうまくいかなくて」

図 4-1　相手を肯定するツッコミを入れる

上司「年だから、しんどい」
部下**「そんなことないですよ」**
（普通に返す）

→ **あまりおもしろくない**

上司「年だから、しんどい」
部下**「でも、徹夜で仕事してましたよね」**
（反対の具体例）

→ **励ますことはできる**

上司「年だから、しんどい」
部下**「でも、夜は元気ですよね」**
（反対の具体例＋ずらす）

→ **おもしろさが加わる！**

部下「でも、奥さんきれいじゃないですか」

ストレートに返すのであれば「そんなことないですよ」という言葉でしょうが、それをそのまま返すのではつまらない。「嫌われている」と言われたら、逆にその人のことを「好意的」に思っている人を思い出して、言ってみます。ちょっと言葉を言い換えると、「おもしろさ」が出てきます。

○「でも＋肯定」で延々と話が続けられる

頭に入れておきたいのは、常に**「でも＋肯定」**ということです。
これを**「『でも○○じゃないですか』理論」**と名づけます。
これは応用がきく上に、話をどんどん進められます。

〈例〉

先輩「異動した部署なんだけど、みんな文句ばっかり言っていて、私まで気持ちが暗くなっちゃうんだよね」

部下「わかります（共感）。◎◎さんはいつも前向きですからね。でも、よいこともあるんじゃないですか（でも＋肯定）」

先輩「確かに今一番伸びている部署ではあるんだけど、仕事量は倍になったよ」

部下「大変ですよね（共感）。でも先輩は仕事が早いから（でも＋肯定）」

先輩「異動したばかりで何をどう進めればいいかわからなくて」

部下「そういうときの気持ちわかります（共感）。でも、先輩は新しい仕事でもすぐ成果を出していたじゃないですか（でも＋肯定）」

「でも」は入れていますが、常に相手を「肯定」するのがポイントです。

「共感」→「でも」→「肯定」を繰り返すだけで、どんどん話が続きます。

笑いと同時にポイントも上がると思います。

場を読む 公式30

ぼやいている上司・先輩は、その「反対のこと」を言ってほしい

〈部下・後輩〉

より大きな失敗を話す「MORE失敗理論」

先ほどの話でいうと、「後輩と話すときはボケ役に回る」が正しいです。

まあ、失敗談を話します。

たとえば、後輩から企画が通らない、という相談をされたら、

「オレ、新人のとき、NHK入っていきなり『ハードロックナイト』をやりたいって企画会議で言ったら、大笑いされたよ。それよりマシだよ」

という話をします。

より大きな失敗を語って励ますと同時に、共感を得る。

「MORE失敗理論」です。

上の立場の人って、やたら説教したがったり、自分がいかに乗り越えたかを話したりするじゃないですか。

でも、説教なんて聞きたくないし、自分がどう克服したかという話を最初からはじめても、後輩にとっては、「自分にはそんなことはできないな」と自信を失わせるきっかけになることもあります。だからこそ失敗談です。

たとえば、後輩が悩み相談に来たとします。

後輩「お客さんに企画書を見せたんですが、なかなかわかってもらえないんです」
先輩「オレなんか、こんなの企画書じゃないって、その場で投げつけられたよ。それからくらべたらマシだよー」
後輩「え、先輩もそんなことがあったんですか！」

自分が同世代だったときのことを話すのも有効です。

先輩「オレも、○○くらいのころは、失敗ばっかりだったよ。それにくらべたら、よいほうだと思うよ」

こうすると相手は明るい気持ちになるので、後輩との距離も縮まります。その後、後輩に「で、実際にどう感じてるの？」と話を聞いていけばよいと思います。部下や後輩は上の人に遠慮しているものなんです。こちらから聞いてあげたほうが、必要な話もしやすいと思います。

やってはいけないのは、「お前はこうだから、こうすべきだ」というものの言い方。よく見かけますが、そんな話は聞きたくないんです。**言うなら「お前は」よりも「僕は（私は）」**です。

◯説教の後は「プライベート」の話で上書きをする

でも、本当に説教をしないといけないこともありますね。

もちろん、必要なことはきちんと言います。で、その後気づまりな感じのときに、

「最近、ゴルフ行ってる？」

「で、最近、彼女（彼）はどうなのよ」

と、プライベートの話をします。

ほかにも、家族がいる人なら、

「奥さん（だんなさん）とはどう？」

図 4-2　大きな失敗を話す「MORE 失敗理論」

反発を覚える

▼

慕われる

「子どもはどう？」

などと言って、それまでの流れを上書きしてしまいます。

プライベートの話を聞くのって、**「あなたに関心をもってますよ」というサインでもありますよね。**仕事では失敗したかもしれないけど、あなた自身について否定しているわけではないというメッセージになるんです。

それに、そういう話ができる上司って、おもしろいと思いませんか。

部下や後輩からツッコめる隙を残しておくのが、コツです。

場を読む 公式 31

部下・後輩は説教は聞きたくない。自信を取り戻したい

〈会議〉会社でできることの中で、おもしろいことを考える

会議でユニークな人だと思ってもらおうとして、多くの人が間違っていることがあります。

それは、他ではやっているのに、会社でやっていないことを言えば、ユニークな人だと思ってもらえるのではないか、ということです。

でも、大抵、そんな企画は通りません。結局、会社の悪口を言って終わりになります。「あの会社ではあんなことをやっているのに、ウチの会社はわかってない」って。NHKでもそういう人はいます。「ロンドンハーツみたいなことがやりたい」って言って、結局、民放でやっているからと却下されます。「ロンドンハーツ」がやりたいなら、その局に行けばいいし、そもそもあるものをやってどうするんだろうって思います。

おもしろい仕事をする人がやっていることとって、

①誰にも理解されないかもしれないけれど、まずは異質なものをポンとぶつける

②あとは、みんながわかりやすいものとつなげてあげる

ということだけなのだと思います。

会社から見て異質なものは、なかなか受け入れられないかもしれません。でも、自分がやりたいと思うならば、それを会社にも受け入れられるかたちでもってくると、外から見ていておもしろくなるんです。

たとえば、先ほどの「ロンドンハーツ」だって、それをそのままやってはただの二番煎じです。自社なりの味つけをすることで、自社にも受け入れられますし、外から見ても新鮮に映るわけです。

○提案では「ウケ」はねらわない

肝心なのは、大っぴらなところで、自分が思っていることを言えるかどうかです。

恋愛でも雑談でもそうですが、基本的に自分が思っていることを素直に言えるかどうかがウケる分岐点です。

そのとき、決して、「こんなふうに言ったら、周りの人にウケるだろう」と思って言わないこと。そこでウケないと提案はボツにされてしまいますし、せっかく自分で見つけたおもしろい点を伝えなければ、そもそも提案をする意味はないのだと思います。素直な気持ちで「自分がおもしろい」と感じているかどうか、そしてそれを伝えられるかどうかが肝心です。


たとえば、ドラマの企画会議があったとします。

まず簡潔に設定（フリ）を伝えます。

「43年間、関東近辺の洞窟でサバイバル生活を送った男の物語です」

あまりに突飛な話に、聞き手はみんな、「?」マーク。

次に自分が感じたおもしろさを伝えます。

「とはいえずっと1人じゃないんです。13歳で家出すると飼い犬が追いかけてきて、イノシシを捕ったり、農家の夫婦に養子にならないかと交流があったり、初恋があったり、ヤクザと喧嘩したり、偉人とは違った波瀾万丈は、おもしろいと思います」

具体的な話で、**自分がおもしろいと思ったポイントを列挙していきます**。そして最後に締めくくります。

「これは現代の話です。命の軽い時代に、生にしがみついた男の物語は勇気を与えます。**ウチでしかやれない**骨太な企画です。やらせてください」

ストレートな言葉の連続です。なんのてらいもなくやりたい気持ちを伝えます。でも、このほうが「やりたいこと」は伝わります。

ウケるとは、笑うだけではありません。おもしろいと感じてもらうことです。素直で情熱あふれる言葉は、相手に届きます。その企画が通らなくても、相手にいい印象を与えます。とっぴな企画の場合、恥ずかしくて、自分が思っていることをストレートに伝えられないこともあるかもしれません。でも、この恥ずかしさは、自己のプライドを守っているにすぎません。僕もかっこつけで照れ屋なので、いつも自分と闘いながら、恥を覚悟で言い切っています。

そして最後に必ず、**「自社でやる意義」**や**「自社ならではの工夫」について触れます。**

会社の中にいると、その世界の決まりに押し込められてしまうものですが、誰だって、本当は新しいものがほしいんです。「どうしたら自社らしいか」というところを押さえれば、むしろ期待をもってくれることでしょう。

なお、まったく新しいものであれば、最後に「挑戦しましょう」と、会議にいる人達を誘うように言いましょう。

そのとき、くれぐれも**「みんなで挑戦しましょう」**とは言わないこと。相手が何もしていないってことを言外に言ってしまっていますし、「なんで、オレが」って思う人は、絶対いますから。

場を読む 公式32

本当はみんな「新しいこと」をやりたがっている

〈会議〉

相手のアイデアを認めると、不思議と「おもしろい人」になれる

プレゼンも含めて会議は、みんなが何をおもしろいと思っているのかを見つける作業でもあります。自分が提案する立場であると、人に何を言われるかと戦々恐々としているかもしれませんが、逆に**出てきた意見や反論を抽出して新たなアイデアとして見せてあげると「おもしろい」と言われます。**

たとえば会議で、

「このデザインでは、若い女性には手に取られないいんじゃないの？」

「そうですね。では、若い女性に人気のイラストレーターさんに、パッケージのイラストをお願いします」

すると、相手は自分のアイデアを受け入れてくれたと喜びますし、「きちんとわかっている人だ」と思ってくれます。**「自分の話を聞いてくれた人はおもしろい人理論」**です。提案した側も、新たな視点が発見できて、よりよいアイデアにできれば、いい

ですよね。

◯上の立場なら、なおさら人の意見を認めてあげる

一方、自分が上の立場の場合は、自分が何かを言うのではなく、「みなさんどうですか」とまず人の話を聞くことが大事です。

「私はこんなことがしたいです」

「僕はこう思います」

「こういう方向はどうですか？」

とひとしきり意見が出たら、それらを抽出して、

「だったら、こうしたらどうですか」

とまとめてあげると、それだけで信頼を得られます。

上の人から自分の意見が反対されると、「自分はできない人と見られてしまうのでは」と、無意識に防御してしまい、冷静な判断を失ってしまいます。

信頼されるためには、**相手の話をまとめながら、**「自分達の言うことに耳を傾けて

くれる人だ」と思われるように、丁寧に話を聞いてください。すると、前述した「自分の話を聞いてくれる人はおもしろい人理論」で、「この人はおもしろい人だ」って感じてくれます。

もし、自分の意見が否定されたときは、イラっとしても、**反射的に「(そういう考えも)あるかもね」**って答えられるように訓練してください。自分が発した言葉に自分の脳が反応し、「あるかも」って検討しはじめるはずです。

上の立場になったときは、自分でユニークなことを発言しなきゃと気張る必要はありません。どれだけメンバーの力を引き出せるかが勝負です。メンバーそれぞれが自らの力を出せるようにお膳立てするのがリーダーの仕事です。

場を読む 公式33

自分の話を聞いてくれた人は「おもしろい人」と見てくれる

〈お客さんとの会話・接待〉

自己紹介は「ギリギリでけなす」

お客さんに会うときに必ずあるのが、自分について話す場面ですね。
そのとき使えるのが**「自虐」**です。

〈お客さんから振られた場合〉
お客「◎◎さんの、このサイトを見てコンタクトをとりました」
自分「アクセス数は少ないのに、よく見つけていただきました！」
お客「この間の講演を聞いてぜひお願いしたいと思いました」
自分「あの講演、自分ではいい話だったと思うのに、お客さんいなかったですよね〜」

〈自分で言う場合〉

「お客様好感度は社内でNo.1なんですが、お客様との話が楽しすぎて、彼氏ができないんですよ」

自分のマイナスに触れるということは、自分を客観的に見ている証拠にもなります。

そんな人からは余裕や自信も感じますし、うまくいけば、「飾らない人」として信頼感も得られます。

ただし、自虐といっても、あまりにも仕事にかかわるものは、お勧めしません。

お客さん「この商品について興味があってお電話しました」

営業担当者「いや、あんまり売れてないいんですよね〜」

だと、やっぱり売れないままだと思います。

◯社内の人をお客さんに紹介するときは「ほめておいて、ギリギリでけなす」

ときには、自社の人をお客さんに紹介することもありますね。

そのとき使えるのは**「ギリギリでけなす」という方法**です。
ほめておいて、後で他愛のない欠点について触れます。

たとえば、
「上司の◯◯です。わが社のエースですが、話だけは長いんですよ」
「先輩の●●です。本当にお世話になっていてすごい人なんですが、けちで1回もおごってくれたことはありません」
「後輩の◎◎です。頑張ってるんですが、たまに空回りするんだよね（笑）」
など。

一度ほめているのだから、相手は嬉しいはずです。でもほめられて嬉しい一方、ちょっと気恥ずかしさも感じていれば、ほっとすると思います。何より、社内の空気のよさも相手に伝わりますよね。

「ギリギリでけなす」は、自己紹介にも使えます。

「新人の◯◯です。仕事も頑張ってますが、婚活も頑張ってます」

仕事を頑張っていることを伝えるだけだと「きれいごと」。それだと、やっぱりつまらないし、印象に残りません。だから、それ以外のところにさらっと触れるんです。

大事なのは**きれいごとで終わらせない**ってことです。

真面目な人って、瞬間的に相手の反応を恐れてしまうと思うんです。こう言ったら、相手になんて思われるだろうって。でも、それだと、どんどん話はつまらなくなります。

だったら、失敗しても、思っていることを言ってしまうこと。

そのためには、いつでも「きれいごとで終わらせない」って思っていることです。

女性でも、

男性「◎◎ちゃんってかわいいね」

女性「でも、部屋はきたないんです」（自虐）

男性「え、どのくらいきたないの？」

ってもし相手が聞いてきて、その相手が実は結構気に入っている人だったら、

女性「来ます？」

って言ったらいいと思います。

もし来たとしても、すでにきたないって言っているんだから、そんなに気を使わなくてすみますよね。

容姿とか話し方とかにコンプレックスをもっていて、自分の話をする勇気が出ない人もいると思いますが、**「きれいごとで終わらせない」**ほうが人から好かれると思っていたら、結構言いたいことを言えると思いますよ。

場を読む 公式 34

「きれいごとで終わらない」話は、人から関心をもたれる

〈お客さんとの会話・接待〉

偉い人にほど「余計な話」をしよう

偉い人、ひとかどの人物に何かを依頼したいというときは、**どれだけ余計なことを言えるか**どうかが勝負です。

部屋にゴルフの優勝カップがあったら、「ゴルフをよくなさるんですか。今はいい時期ですよね」とか、歴史小説が多ければ、「歴史小説を読まれるんですか。歴史上の人物で誰が好きですか」などといった話に触れることが大事だと思います。

営業の方の中には、「では、さっそく商品の説明をさせていただきます」と、説明をはじめてしまう人もいます。

でも、自分に置き換えて考えてみてください。いきなり話しはじめたその話を聞こうと思いますか?

人間は潜在的に説得されることを拒否する習性があります。
だから、まず、**「相手が自分の話を聞きたくなるような場」**を作ることが大事です。
そのためには、「あなたに関心をもっています」ということをまず示すこと。それを伝えるためにも、「相手に質問をする」ことが大事なんです。

営業向けの本には「自分を売り込め」ということがよく書いてありますが、相手が「聞きたい気持ち」になっていなければ、まず聞いてくれません。**相手の話（できれば相手が一番話したいと思っている話）を聞くことで、やっと「こういう人がもってきた話とは、どういうものだろう」という気になって、聞いてくれるんです。**

事前に相手のことを調べるのは基本中の基本。それで話がはずめば、あなた自身に好意をもってくれます。

場を読む 公式35

話を聞いてほしければ、先に相手が自分の話を聞きたくなる場を作る

「自分から言ったんじゃないですからね」の一言で、気持ちよく、やりたいことができる

〈ありがたい指名を受けた場合〉

その人の**他愛ない本音や本心が見えたとき**、思わず笑ってしまうことがあります。

しかめっつらをした部長が意外とスイーツ好きだったり、いつも真剣な表情で仕事をしている人が、結構ぼけたことをしていたり、知らなかったその人の一面が見えるのは、発見にもつながります。

これを応用することで、敵を作らず、目的を達成できます。

たとえば、社内報などで、所属していたグループが表彰されたことが掲載されるとします。通常はグループ長だけ名前が掲載されるところ、グループ長から「君の名前も載せてもらったら」と言われたとしたら、どうしますか？

本心では、自分の名前も載せてほしいところですが、それだと出しゃばりに見えないかな、と迷いませんか？

そんなときは、迷わず、

「お願いします。**でも、自分から載せてほしいと言ったんじゃないですからね**」と、その迷いの気持ちも一緒に口にしてみてください。そして続けます。

「そこだけははっきりしておきたい」

これで笑いが起きます。**載せてほしいけど、自分から言うのは恥ずかしいという本音**が、この一言に垣間見えて、周囲の人は微笑ましい気持ちになります。

そして、周囲の人から暖かい気持ちで見守られながら、自分の目的を達することができます。

本心を話すと、ただの我がまま。

遠慮をすると、せっかくのチャンスをつかみ損ねることもあります。

「やりたいけれど、角が立つと困る」「こうしたいけど、ケチをつけられそう」などと思ったら、勇気をもってその本心を付け加えると、すべてうまくいきます。

場を読む 公式 36

遠慮するくらいなら、その迷いの気持ちを言ってしまおう

〈合コン〉
勝負は「ツッコミ」より「ケア」で決まる

合コンで、一見おもしろいと思われそうな人は、「ツッコミ」ができる人です。合コンはみんなが盛り上がろうとしている場なので、笑いがとれる「ツッコミ」は目立ちます。

しかしこれは落とし穴です。その場ではみんな笑っていますが、結構相手を傷つけている場合があります。たとえば、

女性「合コン毎週やってます。ＩＴ企業の社長とか野球選手とか」
男性「そんなにやって、いい男いないの？」（ツッコミ）

この男のツッコミはやっかみが入っていますね。一見、遊び人に見える女性をからかっているように見えますが、女性から見れば、「そんなにモテないの」って指摘さ

れているように聞こえます。こういったことって盛り上がってると見逃しがちです。

こんな一言が出ては、それまであんなに場を盛り上げて人気者になったのに、成果ゼロになってしまいます。


実は、合コンで最も大事なのは、「ツッコミ」より「ケア」です。

男性なら、あまり話に入っていない人に話を振ってあげるとか、女性なら空いたグラスに気づくとか、表の会話以外のところが決め手になります。

これは合コンだけでなく、職場でも同じです。人望を得るか得ないかは、さりげない「ケア」にかかっています。落ち込んでいる人に、「何かあったの？」とさりげなく聞く。コピーをと

ってもらったら必ず「ありがとう」と言う。おもしろい人、ウケる人になるためには、前提として好ましい人格と思われていないと、ダメなんです。ここでも、周りが見えているか、相手の気持ちを考えているかが大事です。

それに、あまり話していない人に振ってあげることで、意外に話がおもしろくなることもあります。たとえば、「みんな、ちょっと待って。◎◎さんにも聞いてみようよ、ねえ、◎◎さんどう思う？」と振ったときに、その人がぼそっと言った一言は笑いになりやすいんです。

「ねえ、◎◎さんは、東京と大阪どっちがいいと思う？」
「いや、私は名古屋派です」

話に入っていなかっただけあって、客観的というか、ちょっと違う視点で返ってきたりすることが意外に多いんですね。

ふざけて笑ったりして自分をアピールしている人は、決して「おもしろい人」になりません。みんな躁状態だから笑ってるけど、後から「あの人いいよね」とは、ならないと思います。

こういう場って、やっぱり異性から「あの人いいね」って思ってもらいたいわけですよね。

周りの人に気を配って話の輪に入れてあげたり、相手の話に上手にツッコんだり、飲み物を頼んでくれるとか細やかな配慮をしてくれるとか、みんな、そういうところを見てて、「あの人いいよね」と言ってるんです。

だから、必ずしも「おもしろければいい」というものではありません。間違えてはいけないところだと思います。

場を読む 公式 37

会話が盛り上がる中で、自分の目的を見失わないこと

〈婚活〉

「好き」からはじまる恋愛法則

最近の婚活パーティでは、「何を話していいのかわからない人」のためにお題を用意しておくところもあると聞きました。それだけ雑談が苦手な人が増えているんだろうなと思います。もっとも、ベルトコンベア式の婚活パーティの場合、雑談どころではないのかもしれませんが……。

男性にとって婚活パーティで大切なことって、まずは**「あなたのことに興味があります」**ということを伝えることに尽きるのではないかと思います。

誰かから紹介されて付き合うときは、「この人楽しい人だな」とか、そういうところからはじまりますが、婚活パーティってある種、マックスからはじまるわけですよね。どっちも「付き合いたい」という気持ちをもって参加しているわけですから。

だから、女性にとっては「相手が自分をどう考えているのか知りたい」というのが、最大の興味なのだと思います。

だったら、気に入った人がいたら「あなたのことを気に入っています」と言ったほうがいいでしょう。もし恥ずかしかったら、**「最初からこんなことを言うのもなんなんですけど、すごく素敵だなあと思いました」**ではいかがでしょう。

そう言われたら、女性は「この人は私に興味あるんだ」って好ましい気持ちをもって話を聞いてくれます。結果「(私のことに興味をもってくれた)この人はどんな人だろう」と興味をもってくれると思いますから、そこではじめて、自分のアピールをすればいいのです。

ただし、**次に会うときは、徹底して彼女のことを聞いてください。**初回で「自分に興味をもってくれた人だ」と思っていたのに、自分の話をしていると、「結局、自分の話しかしない人」という印象を与えてしまいます。

ただ、「ご飯をおごってくれる人」で終わらないために

この年にしてはじめて知ったのですが、女性は「好意をもってくれた」ことに対し

て、好意をもつことも多いのだそうです（↑イマサラ）。最初に「興味をもっています」というアプローチをしないと、ほとんど状況は変わらない。逆にいえば、意思表示をしないまま付き合っていても、ただの「ご飯をおごってくれる人」で止まってしまうわけです。

それに「好き」と伝えて、たとえフラれたとしても、もともと友達のような間柄であれば、「好き」と言ってくれた分の好印象がプラスされて、「友達以上」のポジションになれたりします（そういう僕も、なかなか言えないのですけれど……）。ただ単に一緒に食事をするよりも、「僕はあなたのことを気に入っています」と言った後に、一緒に食事をするときのほうが、女性のテンションは高いと思います。それを言わずに、友達からはじめようと思って何回か食事なんかしていると、「お友達認定」されたのか、3回を過ぎたころからがくんとテンションが落ちます。雰囲気もけだるくなってきます……。

さて、女性の場合はどうでしょう。男の立場とすれば、「好き」と言われたら嬉しい半面、重い気がする人もいると思います。女性が愛されたい生き物なら、男性は認められたい生き物です。**ならば一番は、ほめること。**ほめてくれると、ああこの人は、僕にとって必要な人だと（僕も）思ってしまいます。

まとめます。

男性から女性　「好きor興味あります」を明確に。
女性から男性　「すごいorさすがですね」を頻繁に。

これが外さないコツだと思います。

場を読む 公式 38

男性「好き」からはじめて、反応を見る。
女性「すごい」からはじめて、反応を見る

〈デート〉

愛の告白より、緊張を告白せよ

誰でも初めてのデートのときって、緊張しますよね。

でも、緊張すれば緊張するほど、突然の「沈黙」が襲ってくるものです。

そんなとき、あわててどうでもいい会話を繰り返してしらけさせたり、自分の緊張を棚に上げて「緊張してない？」と相手に言って、よりぎこちない空気にしてしまう人がいます。

こういうとき、ごまかすのは最悪です。**開き直って、自分の緊張を素直に伝えましょう。**

「ごめん、なんか2人きりになると緊張しちゃって、沈黙しちゃったね」

相手も沈黙は嫌なものですが、言ってもらえるとリラックスします。それに「2人きりになると緊張して」なんて言われて、嫌な感じはしないじゃないですか。「君のことを見ていると、ドキドキしちゃうんだ」ということを言外に言っていますよね。**いっそのこと、意図的に沈黙を作ってもいいくらいだと思います。**

かっこつけていいことはありません。

たまに「昔付き合っていた人はこういう人で」と、モテる自慢をする人はいますが、まったくなんの効果も発揮しません。

○―こんなピンチも素直に言うことで乗り切れる

なお、これは男性向けですが、「立たない」ときも、「昨日飲みすぎて」とか、「最近仕事が忙しかったら疲れてるかも」などと言わないほうがいいです。

こう言うと女性は、「自分の魅力」と「疲れてる」を比較して考えます。そして、「私ってそんなに魅力ないのね」と感じます。男性はカッコつけて「仕事が忙しくて」と言ったものの、その言葉を受けた女性はまったく違うことを考えているんです。

だったら、「◎ちゃんを前にしたら、緊張しちゃって」と、素直に気持ちを吐露しましょう。そんな素直な言葉に、女性は笑うと思います。だって、そんなときに、こんなことを言う人はいないでしょう。自分の魅力も認めてくれてるわけです。嬉しさから笑うことだってあるんです。

こういう場でも笑いって必要だと思います。女性はリラックスしたいと思っていますが、男性は何かをなしとげないといけない、という緊張感があるんですね。だから、しゃべらなかったり、もしくはしゃべるとムードが壊れるかもなんて思ったりするから、つまらないものになったりするんです。

相手のリラックスしたい、という気持ちを優先するなら、こういうときこそ「笑い」を交えて愉しみましょう。

いずれにせよ、緊張を伝えるってことは、「愛してる」などと言わなくても、自分の気持ちを伝えてるってことになりますから、フル活用してください。

場を読む 公式39

「緊張」を伝えることで、場はほぐれる

〈デート・接待〉食べログでは「ランキング」よりも「コメント」をチェック

接待やデートで行くお店を、「食べログ」などのランキングサイトで調べたりすることもあると思いますが、このとき「ランキング」だけに目を奪われてはいけません。数字よりも、そのお店に書かれている口コミの内容やお店の紹介などを見ておいたほうが、話もはずみます。

次のAとBをくらべてみてください。

A
「このお店、食べログで1位だったんだ」
「このお店、テレビで紹介されてたんだ」

B
「このお店、銀座の有名店のシェフが独立して作ったんだって」
「このトンカツ屋さんの豚肉はレアで出すらしいよ」

Aの場合は、いずれも「へえ」で終わりますよね。どこかで紹介されたとか、1位だったという情報は、論理的には「すごい」ということはわかりますが、心には響かないものなんです。ひどいときは「紹介されてたからといって、大したことないね」などと終わることもあります。

Bの場合はどうでしょうか。**「あのお店のシェフだから、さぞかしおいしい料理が出るのだろう」という期待感や、「豚肉をレアで出すなんて、他のお店の調理方法と何が違うんだろうね」といった関心**が生まれますよね。

ここから会話もはずむし、お店への期待感も増すんです。

料理を出されたときも、「わ、本当にレアだ。お肉も赤いんだ」と、あらためて発見ができますし、「このお店ではお肉を空輸して急いで処理をすることで、レアにできるんですよ」という裏話もできます。こういう話から、そのお店に行ったことが特別なことに感じられるんです。料理もおいしく感じられます。

お店のチェックをするなら、その**お店の点数ではなく、「なぜ、その点数なのか」**

です。ただ「おいしいお店に行く」という以上の経験になります。

また、お店に行くなら、他とは違うお店を探すのも話題が増えるきっかけになります。

たとえば、

「お料理につける岩塩が10種類ある」

「銀座の天ぷらの名店なんだけど、揚げているようには見えないほど衣が薄い」

など、その店ならではの特徴があれば、話題になって盛り上がりますし、特別な感じにつながります。

仕事ではないのですから、数字は盛り上がりません。数字の裏にある理由を話のネタにしましょう。

場を読む 公式 40

「数字」ではなく「理由」が話をはずませる

〈デート・宴会〉

話題は「an-an」で見つける

ほぼ確実に話を盛り上げられる会話のネタをどこで見つけるか。基本は、「an-an」で特集しているものがいいでしょう。

代表的なものを3つ挙げます。

◎ダイエット

ダイエット、健康はみんなが関心をもつテーマです。

実は僕も98キロから現在68キロまで痩せました（実話）、と言ったらいかがですか？「どうやって痩せたの？」って聞きたくなりませんか？

実際、りんごダイエットや炭水化物ダイエットなど様々な方法がありますから、「自分は何を試したことがある」「本当に効果があるの？」などと話は広がります。

で、僕が成功したダイエットとは……。また、いつかの機会に。

◎占い

その場でできる手相や性格診断のアプリを活用するのはもちろん、占いで見てもらった話も盛り上がります。その人の意外な一面がわかるので、おもしろいのですね。また、当たる当たらないというだけでなく、「興味はあるけどなかなか足を運ばない場所」であるため、話のネタとして、とても興味をひきます。

◎男と女

もう永遠のテーマです。

ただし、「やっぱり理解できない」というところで話が終わるとつまりません。それを防ぐためには男女の違いを表わすネタ本を読んでおくといいでしょう。

僕のお勧めは、『女が男を厳しく選ぶ理由』（アラン・S・ミラー／サトシ・カナザワ（著）、伊藤和子（訳）阪急コミュニケーションズ）です。これは名著です。これ1冊で相当なネタになります。

たとえば、「一夫一婦制は、男のためにある」なんていうのは、意外じゃないですか？

ここで大事なのは、「だから女性は～」とか、「男性はこうで、女性はこうだ」などと、自分の視点から話さないことです。文化人類学的なこと、社会学的なことをからめて話すと、知的に見えるし、抵抗感なく受け入れてもらえます。

場を読む 公式 41

「ダイエット」「占い」「男と女」の雑談ネタは盛り上がりやすい

〈デート・宴会〉
男性はほめる、女性には「カワイイ」を見つける

相手との距離が縮まらない場合はほめること。「太鼓もち」からはじめましょう。まずは相手を観察します。靴から時計からかばんから見ていきます。

男性だと時計にその人の嗜好が出ます。いい時計なら儲けもの。「いい時計ですね？」って質問してください。初任給で買ったとか父親から譲り受けたとか、結婚の記念で買ったなど人生のイベントがからんできます。

時計の先にはドラマがあります。ドラマがあると雑談が盛り上がります。「どんなお父さんだったんですか？」などとプライベートに、たやすく踏み込むことができます。

女性の場合は、とにかく「カワイイ」ものを見つけることを心がけます。

ここで注意です。自分がカワイイと感じるものではありませんよ。相手が、カワイイと感じてるモノ・コトでなければなりません。

一番出るのはバッグです。ほとんどの女性がこだわってますから。

整理すると、

男性⇓「いい○○ですね？」理論

女性⇓「カワイイですね？」理論

となります。

話をおもしろくしようとだけ考えると、それだけで頭がいっぱいになって、結局本当の目的を果たせなかったりします。目的とは何か。きっと、相手にいい印象を与えることだったり、相手との人間関係をよくする、といったことですよね。

だったら「ほめる」ことも、相手に喜んでもらう手段の1つです。

場を読む 公式42

男性は時計、女性はバッグに注目する

〈場が静まった〉
ツッコミはすぐに、スカシは1拍置いて

ワーッと盛り上がってるときに、何か一言言ったら、場がシーンとしてしまった。かなり気まずいものです。

その場をなんとかしようと、あわてて元の会話に何か付け足そうとしたり、反応してみたりしても、もはや手遅れです。

そんなときは、一瞬、間をおいて、**「ま、それはそれとして」って言ってみてください**。その瞬間に、笑いが起きたりします。

こういうのを「スカす」と言います。

みんな「気まずいな」と思っているんです。でも、どうしていいかわからない。そこを「ま、それはそれとして」と、次に進めてくれる人がいると、ほっとするんです。だから「笑い」が起こるんですね。

なお、「ま、それはそれとして」を言うときは、くれぐれもあわてないように。「間があったな」ってことを確認してから言ったほうが、みんなの「気まずい雰囲気」というフリができるので、ウケやすくなります。

ツッコミは早めに入れる

一方、すぐに「それはないでしょう」みたいなツッコミに入ったほうがよいこともあります。こちらはすぐ言います。

誰かが何かを言って、シーンとしそうな空気が出る前にすかさず言うことで、その後、場が盛り下がるのを防ぐことができます。

場を読む 公式43

沈黙から脱する一言がその場を救う

〈店が見つからない、渋滞などのアクシデント〉
「まさか！」の一言で場を救う

友達とご飯を食べようと思ったのに店が見つからない、みんなでドライブをしているときに渋滞にあった、など思いがけないアクシデントはあるものです。「まさか、こんなところで……」と、みんなぶつけようのないイライラを抱えています。

こういうときは、積極的に、その**「まさか」**を言ってあげるといいと思います。

たとえば、

（お店がたくさんある表参道。平日なのに、入る店を見つけられない）

「まさかの難民！」

（スキーに行ったのに、雪がない）

「まさかの朝から温泉三昧！」

予定通りにものごとが進まない場合、「言い出した人」や主催者は、申し訳ない気持ちでいっぱいになっていると思います。そこをあえて明るくふるまうことで主催した人もほっとします。また別の視点をみんなに見せることができたら、場も和むでしょう。

ちなみに、「まさかの難民」というフレーズも、CHAPTER3でお話しした「言い換え」で成り立っています。

「表参道みたいに店が多いところで入る店が見つからないなんて信じられない」

⇐

「まさか！」

田舎で店がなければ、「まさか」にもならないし、笑えません。

図 4-3 「変換」で場を救う

アクシデント
あんなにお店が多い表参道で
店が見つからない！

【気持ち】信じられない！

変換
↓

「まさか！」

【状況】入る店が見つからない

変換
↓

「難民」

ということで、

「まさかの、難民！」

○わかりきったことを言わない

実はこれ、単純に見えて、非常にデリケートに場のことを読んでいるんです。

まず、注意したいのは、「表参道なのに」って、**すでにみんながわかっていることを言わないこと**です。言ってしまうと「表参道」が、その場にいる人の中で意識化されて、「そもそも、なんで表参道に来たんだっけ」と考えることになり、結果、主催者は責められているような気持ちになります。

だから、言うのは「まさか」だけ。

それでも、無意識下では「表参道なのに」って知ってますから、笑えるんです。

こんなふうに、少ない言葉で相手に言葉を補完してもらうのは、テレビやドラマでも求められるテクニックです（しかも、非常に高度です）。

たとえば、

「私のお兄さんはひどい人で、だから私はこんな性格なんです」

と言うよりも、

「私がこんななのは、兄さんのせいだ」

って言ったほうが伝わりませんか。2つ目のセリフは、「お兄さんはひどい人である」ということには触れていません。でも、このセリフだけで、聞いている人は「兄さんがどんな人であるのか」を補完しているんです。

ポイントは、

・思いがけないアクシデントを「まさか」の一言で覆す

・言わなくてもわかる情報は言わない

ということです。

思いがけないアクシデントで盛り下がったときに、その場を救う「お助けフレーズ」になります。

場を読む 公式 44

その場に気を配ったコメントで誰もが救われる

〈謝る〉

アクションをつけると、気持ちを伝えやすい

謝るときは謝る。ウケなんて考えている場合ではありません。

ただし、アクションをつけることで、気持ちはより伝わりやすくなります。頭を下げるとか、身振りで説明するとか、普段よりちょっと大きめのアクションにします。

でも、「アクションをつけなきゃ」といって、頑張ってつけてしまうと、白々しくなります。

やるなら、**「心から」**です。

僕は、40分間、謝るだけでその場をもたせたことがあります。

大分前のことですが、公開収録の歌番組の途中で電源が落ち、中断するハプニングがありました。会場には3000人のお客さん。原因は不明。舞台監督だった僕は、なんとかその場をつながなきゃいけない。そのとき、何をしたかというと、ただ謝っ

ただけなんです。

「すみません」

とまず、頭を下げます。当然、お客様のリアクションはありません。

「わかります。楽しみにしてきたのに、こんなところでストップしてしまって。こんな謝り方じゃ足りませんよね。では」

と言って土下座します。

「まだダメですか？　あ、こちらのお客様への気持ちが足りない？　では、こちらで」

とまた、頭を下げます。

段々、お客様の中から笑いが出てきました。

「お客様、どこから来たんですか？　北海道！　そんな遠くから。じゃ、特別に謝っておきます」

なんてことをやりながら、40分。やっと、再開のめどが立ちました。

こちらは申し訳ない気持ちがいっぱいです。「謝る」という動作をしっかり行なうことで、その気持ちが伝わります。気持ちがあることで、その動作が生きてきます。

さらにこの場合は、そもそも楽しもうという気持ちで来ているお客さんだったので、「楽しむ」という気持ちを満足させられる謝り方でもあったと思います。もともとのお客さんの気持ちを満たそうという努力も必要でしょう。

「謝ってほしい」という気持ちをもつ相手なら、笑いは交えず、動作を大きくして謝ればいいですし、「自分の話を聞いてほしい」相手なら、まず話を丁重に聞くことが大事でしょう。そのとき、アクションを少し大きくすることで、こちらの気持ちも伝わりやすくなります。

「アクション」をつけるのが難しいと感じるなら、**普段の動作をちょっと大きくする**だけでもかまいません。言葉だけでなく体を使って伝えることは、とても重要です。いい俳優は顔で演技しません。体全体で演技します。俳優以外の人も同じです。

場を読む 公式 45

気持ちを伝えるために、体を動かす

THE RULES OF
THE FASCINATING TALK

CHAPTER 5

スピーチ・司会など「人前でウケる話し方」10の公式

CHAPTER5

スピーチは頑張らない

まず、知っておいていただきたいことは、**スピーチは基本的につまらない、**ということ。

つつがなく自分のスピーチが終わったら、「ああ、つまらなくてよかった」くらいのことを思っていていいのです。

でも、せっかくならウケたい、場を盛り上げたいって思ってますよね。

大丈夫です。手は色々とあります。

大事なのは、まず、頑張らないことかなと思います。

頑張って話すと、聞いているほうが緊張します。

すると、笑いたくても笑えないし、おもしろいと思いたくても思えません。緊張感だけが伝わって終わることになります。

だからその場では、**「どうせ、みんなつまらないのだし、自分もつまらなくていいか」くらいの気持ちでいたほうが、かえって、みんなに話を聞いてもらえるんです**（ただし、場をわきまえないのはいけませんが）。

この章では、人前で話したり、司会をしたりするときのコツを色々と紹介していきたいと思います。

ドキドキしながら頑張って盛り上げようとするよりも、ずっとラクに人に喜んでもらうことができますよ。

〈スピーチ〉

見たままを話す勇気！

スピーチでよく間違えるのは、場をわきまえないことです。

スピーチなんですから、公式の場です。はしゃいでいるときとは違います。

では、その場で求められていることは何か。こういう場は、形式張っているだけに、リラックスしてもらうことが大事です。

まず、ひとつの方法としては、**「目の前の事実を伝える」**ということです。

フォーマルな「公の場」こそ、事実や自分の感情を伝えるべきだと思います。

たとえば、何かの授賞式に出席したとします。壇上に司会の人がいて、受賞した人にマイクを向けて話を聞いているのですが、会場から見ていると、どうもマイクが近い。話す人は話しづらそうだし、声がくぐもって聞こえる。

そんなとき、あなたの番になったら、こう言ってみてください。

「あ、ちょっとマイク近いですね」って。

会場からは笑いが起こります。

ただ、マイクが近いから「マイクが近いです」って言っただけ。

でも、これがコツなんです。

見ていた人は、みんな無意識に気づいているんです。「あの人、マイク近いな」って。

こういう**みんな気づいていたけれど、言葉にしていなかったことを見つけたら、即、使います**。「あの人マイク近いな～」ということを頭の片隅におきながら壇上に登って、タイミングをみて言葉にします。


ほかにも、結婚式の司会で、新婦のお父さんが恐い顔をしていたら（本当は喜んでいるんだろうけど、感情が表に出ない人で、ぶすっとしていることはありますよね）、

「あの、新婦のお父様が先ほどから渋い表情をなさっていて、それが気になって僕は食事ものどを通らないんですけれど、大丈夫でしょうか」

それでお父さんが笑ってくれたら、

「笑っていただいて安心しました」

と言うと、会場も和やかになるわけです。

また、会場に咳が止まらない人がいるような場合も、

「一部咳が止まらない方がいらっしゃいますけれど……大丈夫ですか」

と言ったら、やっぱり笑いが起こります。

そんなことを言うと失礼なのではと思う人もいるかもしれませんが、「咳が止まらない」人は、心の中で申し訳ないと思っているはずなんです。でも、それが笑いになると、その「咳」が場を盛り上げる役割を果たしたことにもなりますよね。すると、「咳をしていた人」は、咳が止まらなくて困っていたときよりも、気持ちがラクになります。ほかにも色々とできますので、次ページに例を挙げておきます。

最初に「おもしろい人」と思わせれば、笑いは出やすくなる

なお、この「マイクが近いです」は、**壇上に上がってすぐ言う**ことが大事です。「マイクが近いです」って言った瞬間に笑いが起きたら、この人はそういうことを言う人間なんだなって、みんなが思います。そうしたら、その後は、言うことが多少過激でも、ボケても、受け入れられるようになります。

いきなり、何かおもしろい自己紹介をはしゃいでしたとしても、その人が「おもし

図5-1「ウケるスピーチ」にする例

▶ 会社の式典で、社長が先に挨拶をしたのだけど、壇上でちょっとつまづいた

「社長が、あそこでつまづいているのを見て、『この場は、ああいう方でも緊張するほどの場であり、会社にとっての新たな門出になる場なのだ』と、あらためて感じました」

▶ 司会者が、あまりに緊張していたら、

「司会者の方も緊張していると思いますが、スピーチする私もそれ以上に緊張しております」

▶ 結婚式で新婦が転びそうなとき

「先ほど、新婦様が長いドレスで転びそうになっていましたが、これからは支えてくれる方がいるので、大丈夫です」

ろい人」であるかどうかわからないうちは、聞いているほうは笑えないものなんです。笑って失礼になってては困りますし、まずは聞いていないので「え、何言ってた?」ってなります。

でも、その場に合わせてちょっとした話を振っておくと、「この人はおもしろい人だ」と気づいてくれますから、何を言ってもおもしろがってくれるんです。

それに、一度笑いが起きると、自分もリラックスして話せるので、言葉が出やすくなります。

まとめると、公の場では、

・違和感(マイクが近すぎるなど)に気づくかどうか

・それを言う勇気があるかどうか

がポイントです。

違和感に気づく、というのは、場を読むことにもつながります。「今、この場で何が起こっているのか」「どういう人間関係なのか」「どういう受け答えをしているのか」などと、ずっと見ているわけですね。

そして、そこで起こったことを、そのまま言うことで「ウケる場」を作ります。

その場にあるもの、起こったことを受けて話すというのは、ウケるスピーチの基本でもあります。これができると、その場にいる人達の興味を引く大きな要素になります。

そのためにも壇上に上がったら、目線をみんなに送ってください。そして、そんなに脈絡はなくてもよいですので、「ここにいる人はこう思ってるだろうな」と思うことを、声に出して言います。たとえば、前の人のスピーチが長かったら、**「素敵なスピーチをありがとうございました。ちょっと長かったですけど」**とか。その程度で構いません。

ただし、あくまで話の枕として話すものなので、決して張り切らないこと。ここでは「笑いをとらなきゃいけない」と思うよりも、ライブ感を出すことが大切です。

公式46 みんなが思っていることを代わりに言ってあげる

〈スピーチ〉
うまい人ほど「淡々と」言う

スピーチや人前で、「ありのままを言う」「見たままを伝える」ことが「笑い」になることをお伝えしましたが、では、そのときどんな言い方をすればよいのか。

答えは、**「淡々と」言う**ってことです。

事実だからということで、ことさら「マイク近いですよね！」って大げさに言うことは不要です。

「ちょっと、マイクが近いようですけれども」

というように、淡々と言ったほうがウケるんです。

なぜかというと、目の前で起こった事実は、淡々と言うほうが、全員の感情に近いからです。もし全員がそれに気づいているのであれば、それは周知の事実なんですから、ことさら盛り上げずに、「事実としてこういうことがありました」と淡々と言ったほうがその場に合います。

逆に「自分だけが気づいた」という感情でしゃべってしまうと、しらけてしまいます。だって、みんな知ってるんですから。

スピーチでは、ウケようとすると、みんな「どうもー！」とか言って、大声で張り切って、聞いている人に媚びようという感じではじめがちですが、実際におもしろい人っていうのは、すごく淡々としゃべっているものなんです。

「うまくいかない人は張り切って入り、うまくいく人は静かに入る」

これがスピーチの基本です。

盛り上がっているときに淡々と言っても無駄に場の空気を崩しますが、公的な場とか、少しフォーマルな場では、「ありのままのことを淡々と言う」というのが、間違いのない方法です。

公式47 事実は淡々と話したほうがおもしろい

〈スピーチ〉
事実の逆を言う「きみまろ話法」

綾小路きみまろさんがよくやる方法です。

入ってきた早々、大勢のおばちゃんに向かって
「まあ、今日はお若くておきれいな方達ばかりで〜」

これでウケてしまいます。

おばちゃんばっかりなのに。事実じゃないこともわかっているのに。でも、みんな笑うんです。


次の2つをくらべてみてください。

A「お美しい若い方ばっかりで〜」
B「全員おばちゃんばっかりで〜」

恐らく両方笑いは起きますが、その笑いは真逆です。**Aは純粋な笑い、Bは苦笑い。**ごくごくベタなネタですが、前者の「お美しい若い方ばっかりで～」のほうが、みんなウソとわかっている分、おかしいんですね。

ほかにも、司会者が緊張のあまり噛んでばかりだったら、

「司会者の方が非常にリラックスされて、まったく噛まないですけれども」

と言うと、笑いが出ます。噛んでばかりの司会者も、その一言でリラックスして、その後はやりやすくなると思います。喉に引っかかった小骨をとるとすっきりしますよね。こんなふうに誰かがその場で引っかかっているものを、裏返しにして言うことで、焦る気持ちをとってあげてください。

なお、こうして事実と逆の表現をするときも、できるだけ淡々と言ったほうがウケます。そこではしゃいで言ってしまうと、事実よりも、言う人の驚きが前面に出てしまいます。すると、「みんなが知っていた事実」ではなくなってしまい、場がしらけてしまうのです。

話をするなら淡々と。淡々と言っていれば、たとえウケなくても、スベったことにすら気づかれないので、ずっと堂々としていられます。

公式48 事実の逆を言えば、純粋な笑いが生まれる

〈スピーチ〉
当たり障りのあ・る・話を作ろう

結婚式のスピーチなどで、結婚した友人のよさを伝えるときに、「やさしくて」とか、「努力家で」とか、「友達思いで」とか、言いますよね。

でも、そんなことを言っても、まったくウケないですよね？

「やさしくて」って言いたいなら、**それに合った具体的エピソードを言うべき**です。

たとえば、

「彼女と会ったのは大学時代で、私が失恋したときに一晩そばにいて励ましてくれたのが一番の思い出です」

というような具体的な話をすれば「友達思い」と言う必要はありません。でも、そのほうがずっと伝わります。

だから、もしスピーチを考えるとしたら、次の順で行ないましょう。

1　相手の長所・特性を大まかに書く

「アクティブな性格だった」「行動力があった」「リーダーシップがあった」「コツコツやるタイプだった」などと挙げていきます。

2　次に、なぜそう思ったか、自分の思い出を探る

「『コツコツやるタイプ』と思ったのは、なぜか？　何の出来事でそう思ったのか？」「その人からかけられたもので、印象に残っている言葉はなかったか？」といったことを思い出します。

3　締めのメッセージを決める

まとめです。「そういうことでコツコツやるタイプなんで、夫婦生活もコツコツと末永く幸せに続いていくと思います」と言って、最後に「幸せになってください」って締めればＯＫです。

話がおもしろくない人は「観念的」に話している

これは、「話すとき」に、共通して言えるのですが、話がおもしろくない人っていうのは、基本的に、観念的というか、具体例がないまま話してしまうわけです。

たとえば、あるプロジェクトの打ち上げでリーダーが話をします。

普通の人「みなさんに一生懸命やっていただいて、このようなすばらしい結果になりました」

これだと、なんにもピンと来ないですよね。

でも、たとえば、

おもしろい人「私がこの商品がイケると思ったのは、**駅前の九州料理を出す居酒屋さんで聞いた、◎◎くんのあの感想でした。それであらためてこの商品の意義を感じ、**その後、次々と新しいお客様に商品のよさを知ってもらうことができ、成功したと思います」

前の例と違いますよね。**「自分がその場にいて、どう感じたか」**を話していますが、**「自分がどう考えたか」**を言ってるわけじゃないですよね。

だから、スピーチを考えるときは「何を言うか」っていうことを、まずは観念的に書いて、**それに付随するエピソードを思い出す**のが正解です。スピーチというと、いきなり文章を書きはじめる人もいますが、それでは当たり障りのない文章になってしまうのは確実です。1つ、具体的なエピソードがあるだけで違います。

公式49 みんな「考え」よりも「具体例」を聞きたい

〈スピーチ〉
失敗談を話す

スピーチでも、失敗談を話すのは有効です。もしくは、自虐ですね。ちなみに自虐は自分でボケて自分でツッコめるので、1人で話すスピーチでは、やりやすい方法です。

だから、スピーチで、もうひとつ笑いをとりたいと思ったら、「失恋した」とか、「就職活動で失敗した」といった自分の話を入れていくといいですね。

〈例〉

「私が失恋したときに、『◎子は笑ってたほうが素敵なんだから、元気出して、って言ってくれるようなやさしい彼が絶対見つかるよ。あの人は◎子のよさがわかってないんだよ』と言って励ましてくれました。やさしい人だなと思いました」

⇓ **自分の失敗談＋相手の美点**

さらに、おもしろくしたいなら、彼女のびっくりするようなエピソードを入れるといいでしょう。

〈例〉

「私が失恋したときに、『◎子は笑ってたほうが素敵なんだから、元気出して、って言ってくれるようなやさしい彼が絶対見つかるよ。あの人は◎子のよさがわかってないんだよ』と言って励ましてくれたのですが、後で話を聞いたら、『笑ってたほうが素敵』というのは、新郎のAさんが彼女に言った言葉だったようで、なぐさめてくれたと思っていたのに、**実はのろけられていたことに後で気づきました**。当時から仲がよかったAさんと一緒になってよかったと思っています」

⇓　自分の失敗談＋相手の笑える一面

ただし、間違っても、相手を貶めてはいけません。よくスピーチで、新郎の浮気の話とか、これまで付き合った女性の話をする人がいます。最後に「だけど彼女を選びました」とは言うのですが、新婦の側としては笑えないですよね。最悪の状況だと思います。

仲間内ではおもしろいのかもしれないですが、価値観や立場の違うたくさんの人がいる前です。

それこそ、空気を読むべきです。

公式50 スピーチでの自分の失敗談は誰もが笑ってくれる

〈スピーチ〉

急に振られても簡単にいい話が作れる「とりあえず、エピソード話法」

歓送迎会や仕事の打ち上げで、いきなりスピーチを振られることもありますよね。大抵は、「9か月にもわたるプロジェクトでしたが、熱心なみなさんのおかげで〜」とか、「◎◎さんには感謝しています」などという話からはじめることが多いですが、それだとやはり通り一遍の話にしかなりません。

こういうときも、「とりあえず、エピソード」です。

なんでもいいので、この日の主題に関係することで、**自分が一番記憶に残っているエピソードを話してみてください。**

「途中で課長がため息をついているのを見て、このプロジェクトは大丈夫なんだろうかと、ひとしれず不安に思うこともありました」

「退職される山田さんは、いつも朝早く来ていて、仕事の成果よりも、なぜ毎日朝早く起きられるのか、ということを実は疑問に思っていました」

そして**最後は、ベタで構いません**。

「でも最後は、みなさんの力で成功できたと思います」

「退職されても、ご活躍を祈っております」

気持ちが伝わるスピーチのできあがりです。

多くの方は大抵、逆のことをしています。

「まとめ」→「エピソード」というパターンだと話がしまりません。

それを、**「エピソード」→「まとめ」**とするだけで、すぐにいい話になるんです。

誰にでも簡単にできるコツなので、ぜひ試してみてください。

公式51 振られても焦らず、まず、エピソードを思い出す

〈司会・進行〉

盛り上がったら1回休み。引っ張らないで次へ進む

司会・進行役をしているときに大事なことを1つお話しします。

笑いが出たら絶対に引っ張りません。そこで終わらせます。

「情報ライブ　ミヤネ屋」の宮根誠司さんを見ると、コメンテーターの「それは～で心配ですね」といったコメントを一切受けず、すぐ、

「そして、さる5月×日、事件の真相を示す出来事が発覚します」

と、全然違う話題に進みます。

すると、流れがよどまず、テンポよく次へ進めます。

これはテレビだけの話ではありません。

誰かがおもしろいコメントを言ったときに、司会の人が、またその人に質問をして

しまうことってあるじゃないですか。

たとえば、社内の宴会で何かのゲームをやることになり、社長と部長が対戦することになったとします。

そのとき、部長が、

「いつもは社長にいじめられているので、今日は勝ちます」

と言って、笑いが起きたとします。

そこで下手な司会者は、

「どんな感じでいじめられてるんですか?」

とついつい聞いてしまいます。

これは絶対やってはいけません。それ以上掘っても広がらないからです。想像してみてください。「どんな感じでいじめられてるんですか?」って聞かれて、うまい返しなんて思いつきますか? 「いえ、ほんとはいじめられておりません」というのが関の山です。せっかくボケてウケているものを、つぶしてしまいます。

これを使うなら、**その後、社長のところに行って、**

司会「社長、社長にいじめられてるとか言っている人がいますが、どうですか？」
それで社長が何か言ったら、今度は部長のところに行って
司会「社長は、ああ言ってますが、どうですか？」
と、聞くのが正解です。

これは、宴会の進行をする人、飲み会の場を盛り上げようと思っている人も同じです。

場を盛り上げたいなら、話を掘り下げるのではなく、回していかなければいけません。

1回ウケたら、すぐ次に進みます。

はじめにお話ししましたが、場を盛り上げたいなら、**みんなが盛り上がっているときこそ、1回休み。**その間に、次に何の話題を出すと盛り上がるのかを考えておきましょう。盛り上がっているからといって、調子にのって入っていくと、せっかくの盛り上がりを食いつぶしかねません。ウケたエネルギーを次につなげられるよう、「一歩先」を考えておきましょう。

ドラマでは、シーンをつなげるときは「、」で終わらせます。コントは1回きりで終わるので「。」で終わります。ドラマで、コントのように「。」をつけてしまうと、見ている人の感情が途切れてしまって疲れてしまいます。「期待の不安」というのですが、ちょっと物足りないくらいの余韻を残して次に進むと、見ている人にいい感情を作れます。

これは、ドラマでなく、場を自分が仕切っているときも同じです。このネタもっと掘れるのに、と思っても深追いせず、次に展開しましょう。

公式52 盛り上がってるときは次に備える

〈自己紹介〉

相手に見えている自分を上手に使う

合コンなどの軽い場から、異動した先の部署での朝礼など、自己紹介をする場は多いものですが、これが苦手という人もいるかもしれません。

本来なら、別にウケる必要はないので、普通に言えばいいのですが、もう一歩自分を印象づけたい人のために、２つ方法を紹介します。

◎相手に見える自分を上手に使う

頑張っているのにやる気が見えない人、普通よりも相当年上に見える人、そんな人にお勧めなのがこの方法です。

あなたが前に立ったとき、その場にいる人達は、「なんか老けて見えるけど、本当は何歳だろう」などと軽い疑惑をもっているかもしれません。自己紹介でその気持ちを解消してあげると、結構な確率でウケます。

〈例〉

「老けて見えるかもしれませんが、大卒で入社してまいりました」

「やる気があります！　表情に乏しいので見た目でわからないと思いますが」

また、見た目とのギャップをうたうのも効果的です。

〈例〉

「か細く見えますが、趣味は登山で百名山制覇しました」

「派手に見えるのは顔だけで、趣味は切手集めです」

意外な事実がわかると、しっかり覚えてもらえると思います。

◎相手を立てる

自分が上の立場で新しい場所に来た場合、あえて、自分を下にして、相手を立てることも、その後の仕事をスムーズに進める上で大事だと思います。

僕がはじめて映画を撮影したとき、スタッフの方はみな、知らない人ばかりでした。そんな環境の中で、まったく未経験の「映画」というものを撮らなくてはいけません。

まずは、みんなと仲良くならなければならない。そのときの自己紹介で、どうしたか。

普段はかけない眼鏡をかけて、

「**みなさんと同じように、できる人に見せようと思って、ダイエットして伊達眼鏡をかけてきました。**まだ見かけだけですが、中味も充実させてまいりますのでよろしくお願いします」

と言いました。

きっとスタッフの方も「どんな人が監督になるんだろう」と思われていたのではないかと思いますが、眼鏡などのちょっとした演出がきいて、仕事もしやすくなったように思います。


「なんで、この人はここにいるんだろう」と思われているのではないかと感じたら、その不安を先取りして伝えてみましょう。自分もほっとし、相手の心も解きほぐし、その後の仕事もスムーズになります。

公式53 「意外な自分」は記憶に残る

〈人前〉
大勢の前で軽い笑いをとる4つの方法

スピーチとは離れますが、大勢の前で話さなければならないときがあると思います。そんなとき軽い笑いがあると流れがスムーズになります。そのコツを紹介しましょう。

◎特定の人をいじる

公開収録番組で、司会の芸人さんなんかを見ていると、たまにやっていますね。これは日常でも使える技です。

たとえば朝早くからの会議だとすると、寝癖のある人はいないか。化粧が乱れてる人はいないか、あくびをしてる人はいないかと探します。上司があくびをしてたら、**「飲みすぎですか？」**といじってください。

一見ハードルが高く見えますが、実は簡単に笑いがとれる方法です。

◎「遠くから来た人！」と手を上げてもらう

パーティや研修など大勢の人が色々な所から集まる場合はこれです。

「遠くからいらした人いますか！　どちらからいらしたんですか？　北海道？　まあ、そんな遠いところから、ひょっとして暇ですか？」

よくあるパターンですが、大抵笑いが出ますね。

◎人が「無意識で思っていること」を探す

みんなが思ってることをぼそっとつぶやくのも成功率が高いです。

たとえば朝早くの会議での最初の発言ならぼそっと……

「眠いですね」

とつぶやきましょう。みんな眠いことを共有すれば、不満もなくなります。

ここで「朝早くて眠い方もいらっしゃるでしょうが、頑張りましょう」などと言ってはいけません。鼓舞するのはまだ早い。本当にくじけそうな空気が出てきてからのほうが効果的です。最初は、気持ちを共有すること。「あるあるネタ」だけでも十分ウケます。

◎偉い人を活用する

会社でも結婚式でも交流会でも、人の集まるところには序列が生まれます。その場合は一番存在感のある人を活用しましょう。

たとえば結婚式の場で、

「僕も新郎の友人として、お父様にお伝えしたいことがあります。◎◎は、ガサツなところもありますが、根はいい人なので、どうぞよろしくお願いします」

など、実際にはみんなに対してしゃべるんだけれども、「お父様に」と、あえて言うことで、新婦のお父さんをもちあげます。この言い方なら、お父さんの心情への気配りも感じられますよね。

「新郎のよさが、お父様にもご理解いただけましたでしょうか」

「ああ」

なんてやりとりが起これば、笑いが起こるのは想像できます。

公式 54

「聞いている人」「話す人」の壁を崩すと意外な笑いが起こる

〈人前〉
スベったときほどウケるチャンス

何か言ってスベったときって、バツが悪くてイヤなものですよね。

これが嫌でおもしろいことが言えない、っていう人もいると思います。

でも、スベったときは意外とウケがとりやすいんです。

「あ、今、スベりました」って言えばいいんですから。

みんな、笑ってくれますし、その場で笑ってくれなくても、「この人はこういう人なんだ」って思ってくれますから、その後、笑ってくれる可能性は高くなります。

ここではスベったときのリカバリーフレーズを、いくつか紹介します。

◎ウケなかったら「かわいさアピール」

何か言ってウケなかったときに

「あ、今、笑いをとろうとしてたんですけどね」

「思ったよりウケなかったことにショックを受けていますけれども」

と言うと、「笑いをとりたかったのにできなかった……」という残念な気持ちが伝わり、かえって笑いがとれたりします。少しかわいさアピールも入ります。

ほかに、

「あまりに笑いがないので、もう笑いをとろうとしません」

「今後は笑いはなしでいきます」

という言い方もありますが、まじめにとってしまう人もいますので、かわいさアピールのほうが無難かと思います。こちらは、何を言ってもウケないときの、バリエーションの1つとして紹介しておきます。

◎「●●は笑ってくれたんですけど…」

「うちの犬は笑ってくれたんですけど」

とか、もう絶対、笑ってくれなそうなもの（犬）とか、笑ったように見えたのはあなたの幻想でしょうと聞いている人にツッコまれそうなものが、笑ってくれたことにします。

ほかにも、

「地元の●●さんは笑ってくれたんだけど」

「田舎のおばあちゃんは笑ってくれたんだけど」

など、自分の周りの世界に結びつけて、小粒感を出す方法もあります。

◎繰り返して、無理やり笑いに落とし込む

「繰り返す」方法もあります。「重ね」って言ったりします。とっておきのオチが伝わらなかったときに使います。

「伝わらなかったみたいなので、もう1回言います」

それでもウケなかったら、

「もう1回言います。これで最後です」

と繰り返していきます。まあ、最後にはダメ押しで笑ってくれると思います。

これでもだめなら、こういうときこそ、「もう今日は笑いをとるのはやめます」です。

「もうウケないから今日はあきらめよう」という感情が伝わるように言うのがポイン

トです。

また、1回言って受けなかったものを、時間をおいてから、あえてもう一度言うというのもあります。

「あ、なんで言っちゃったんだろう、ウケないってわかってるのに」お客さんに「よっぽど、言いたいんだな」と思ってもらえたら、場がなごみます。

「最初、ウケなかった」ということも、ひとつのフリになります。

◎「今、笑うところです」と強制してはいけない

一方、使ってはいけないのは、

「今、笑うところです」

というフレーズです。

講演会などで、よく見かけませんか？　何かおもしろいことを言ってウケなかったときに、「今、笑うところです」とか「今、笑うところだったんですけど」などと言う人。

これ、**二重にしらけます**。だって、おもしろくないから笑ってないのに、さらに、

上から目線で言われると、人間、本当に笑えなくなります。たとえ、笑いが出たとしても、仕方なく合わせてくれているのだと思います。やっぱり基本は、「自分は下」です。

なお、笑いがとれた後は、さっと次に進んでください。時々、笑いがとれると嬉しいのか、「やっと笑いが出ました」とか、「こうするとみなさんウケてくれるんですね」と言う人もいますが、余計です。テンポが悪くなります。ウケたら、「。」をつけて、すぐ次に進んでください。

公式55 スベってもリカバリーの術はたくさんある

おわりに

僕は、テレビのディレクターとしてずっと、テレビの向こうの人達を楽しませようと格闘してきました。

ディレクターになりたてのころは、自分のおもしろいと思うものを企画し、己の能力を示そうと頑張っていました。その後、ヒットしているもの、流行している技術を使って番組を作ろうとしていました。

そして今は、ただ純粋に楽しんでもらおう！とだけしか考えていません。正直視聴率のことは気にせず、見た後に「面白かった」と心に残ってほしいと望んでいます。それでも、ありがたいことにヒット作に恵まれているようです。

会話をする上でも、楽しい人は印象に残る人であり、また会って話をしてみたい人であります。ウケる人は、人から受け入れられる人であります。

ではなぜ人から受け入れられるか？　それは、ウケる人は、まず人を受け入れてい

るからだと思います。なんだか禅問答みたいですが……。そのために大切なことは、1つ、

「笑顔」です。

口ベタでも緊張しいでも、とにかく笑ってみましょう。脳は不思議なもので、笑った自分を見て、「あ！　面白いんだ！」と認識し、楽しくなるのです。行動することによって、脳がそれを認識し、気持ちが変わるのです。

気持ちだけ変えて行動しようと思っても、結局もとに戻ってしまいます。だからまず行動する。その勇気はわずかです。笑えばいいのです。

もしあなたがバラエティ番組に出演し、ごく自然にふるまったとして、あとから録画を見たらびっくりするでしょう。自分では普通にしていたのに、ものすごく機嫌が悪い人に見えるはずです。それだけテレビに出ている人達は笑顔で、人々を楽しませようと奮闘しているのです。

逆にいえば、笑顔があれば、楽しい雰囲気は伝わるということです。

ウケるためにはまずは自分がウケましょう。自分の話に笑顔で応えてくれる人は、

誰でも好きになっちゃいます。何ものべつまくなしに、へらへらしてろというわけではありません。仲よくなりたい人だけで結構です。

会話に悩む人が増えています。理由は、相手にどう思われるかを気にしすぎているからです。自分がどれだけ受け入れられているかを気にしている人は、絶対にウケません。だって、そんな人、うっとおしいでしょう。

まずは素直に、楽しい、うれしいという感情を笑顔で伝えること。これでリラックスした雰囲気が生まれ、ウケる空気が整います。その上で、この本に書いてあるスキルを実践してみてください。きっと相手の反応が変わるはずです。

この本があなたのコミュニケーションを変え、楽しい会話と笑い声が日本にあふれることを願っております。

「ウケる」ことは、とても楽しい。

「ウケる」ことは、自分に自信を与えます。

自分を変える勇気と笑顔で、「ウケる」人になりましょう!

２０１５年１月

吉田　照幸

■著者紹介

吉田照幸（よしだ てるゆき）

1969年、福岡県生まれ、山口県育ち。1993年NHK入局。NHKエンタープライズ番組開発部エグゼクティブ・プロデューサー。ここ10年でもっともコントを制作している。「のど自慢」「小朝が参りました」などエンターテイメント系の番組を中心に活躍。40分間1人で舞台で場を持たせるなど前節の技も鍛える。広島放送局を経て番組開発部異動後、2004年に「サラリーマンNEO」を企画、以後全シリーズの演出を担当。型破りな番組として人気を博す一方、タニタの社食、Google本社に日本のテレビ番組として初潜入、コント番組に日産のカルロス・ゴーン氏を引っ張り出すなど、話題となった。2011年には「劇場版サラリーマンNEO(笑)」の脚本・監督を務める。第35回・36回国際エミー賞コメディ部門ノミネート（連続ノミネートは日本では唯一）。2013年春、異例のレンタル移籍で、連続テレビ小説「あまちゃん」の演出を担当。「となりのシムラ」などコント番組、コメディ、「洞窟おじさん」などのドラマを制作。

気のきいた一言がパッと出てくる！
「おもしろい人」の会話の公式

2015年2月18日　初版第1刷発行
2015年8月8日　初版第4刷発行

著　者　吉田照幸
発行者　小川　淳
発行所　SBクリエイティブ株式会社
〒106-0032 東京都港区六本木2-4-5
電話　03-5549-1201（営業部）
装丁・本文デザイン　井上新八
DTP　アーティザンカンパニー株式会社
本文イラスト　坂木浩子
カバー写真　バラリ@カピバラカメラ
カバー写真編集　初見弘一
本文写真　鈴木孝政
編集担当　多根由希絵
印刷・製本　中央精版印刷株式会社

落丁本、乱丁本は小社営業部でお取り替えいたします。
定価は、カバーに記載されております。
本書に関するご質問は、小社学芸書籍編集部まで書面にてお願いいたします。

ISBN978-4-7973-8064-4